臺灣歷史與文化 研究輯刊

四 編

第 3 冊

被選擇的臺灣
——日本殖民統治時期臺灣形象建構

劉方瑀 著

花木蘭文化出版社

國家圖書館出版品預行編目資料

被選擇的臺灣——日本殖民統治時期臺灣形象建構／劉方瑀
著 — 初版 — 新北市：花木蘭文化出版社，2013〔民 102〕

目 2+166 面；19×26 公分

（臺灣歷史與文化研究輯刊 四編；第 3 冊）

ISBN：978-986-322-484-6（精裝）

1. 殖民地教育 2. 日據時期

733.08   102017326

ISBN-978-986-322-484-6

9 789863 224846

臺灣歷史與文化研究輯刊

四 編 第 三 冊   ISBN：978-986-322-484-6

被選擇的臺灣
——日本殖民統治時期臺灣形象建構

作　　者　劉方瑀
總 編 輯　杜潔祥
出　　版　花木蘭文化出版社
發 行 所　花木蘭文化出版社
發 行 人　高小娟
聯絡地址　235 新北市中和區中安街七二號十三樓
　　　　　電話：02-2923-1455／傳真：02-2923-1452
網　　址　http://www.huamulan.tw 信箱 sut81518@gmail.com
印　　刷　普羅文化出版廣告事業
初　　版　2013 年 9 月
定　　價　四編 22 冊（精裝）新臺幣 50,000 元

被選擇的臺灣
——日本殖民統治時期臺灣形象建構

劉方瑀　著

作者簡介

　　劉方瑀，1980 年生於臺北，目前深耕於藝文產業。

　　倫敦大學學院（University College London）人類學系物質與視覺文化研究碩士（MA in Material and Visual Culture），國立成功大學歷史學系碩士。長期關注臺灣身分認同的議題，並以圖像與物質文化研究來探討該議題的不同面向。在已完成的兩本碩士論文中，分別以日本殖民時代的圖像資料與臺灣花布等主題，深入論述臺灣在不同時期對於自我身分認同的思考。

提　　要

　　當日本殖民政府佔有臺灣開始，即對這塊得來不易的殖民地作詳盡的調查，因此殖民政府對於臺灣的一草一木可說是瞭若指掌。當時的日本是個剛西化沒多久的新興東方殖民帝國，對於殖民政府而言，要如何藉由向日本內地民眾、外來遊客和臺灣島內人民，介紹眼前再熟悉不過的臺灣風土，以彰顯自我文明治理的成果，一直是個重要的課題。本論文即著眼於此，透過對日本殖民政府宣傳的手法，大範圍地從觀光、教育、文學與藝術等各個面向，來解讀殖民官方形塑臺灣的企圖與操作手法；另藉由觀察日本內地民眾與臺灣百姓的反應，瞭解殖民政府形塑臺灣的成效，與臺灣人對於臺灣形象塑造議題的自覺與動作。希冀透過多重角度的探討，能為日本殖民時期的臺灣形象拼湊出較為完整的面貌。

目次

緒 論

一、研究動機

> 既然有殖民者，當然就得替受殖者塑造形象，這就同資產階級替無
> 產階級塑造形象一樣。兩個形象分別使殖民者與資產階級得以安身
> 立命，否則他們的存在和行為都會變得很突兀。[註1]

在殖民體系中，殖民者就代表無上的權威，而這樣的權威建立在形象塑造的
手段上。「純正（purity）不能自己把自己刻誌出來，只有不純正才能刻誌出純
正」[註2]，因此唯有確立被殖民者的野蠻形象，才能標示出殖民者的文明進
步，並合理化其殖民統治的正當性。

　　我們將這樣的思考，放在剛邁向殖民帝國的日本作觀察。十五歲的明治
天皇在 1867 年接下了一個前所未見的時代統治權，隨後，他與幕僚顧問公布
了五條御誓文，成為明治時期的治理基調，其分別是：廣興會議，萬機決於
公論；上下一心，盛行經綸；文武一途，下至庶民，各遂其志，使人心不倦；
破除舊來之陋習，基於天地之公道；求知識於世界，大鎮皇基。從這五條誓
文中，我們可以瞭解日本新政府面對這個複雜年代的心態，他們將全國人民
視為一體，由上位者帶頭「求知識於世界」。被迫開啓長期鎖國的大門，迎面
而來的巨大衝擊，不僅讓日本對於西方的概念改觀，將自我置於西方文明秩

[註1] 敏米（Albert Memmi）著，魏元良譯，〈殖民者與受殖者〉，《解殖與民族主義》，
　　　（香港：牛津大學，1998），頁1。
[註2] 岩淵功一著，李梅侶、何潔玲、林海容譯，〈共犯的異國情調〉，《解殖與民族
　　　主義》，（香港：牛津大學，1998），頁 194。

序的架構思考,更藉由多位當時年輕領導階層的遠見,將西方的現代化元素,視爲重新振奮國威的關鍵。因此,新政府雖然對幕府時期簽訂的不平等條約感到屈辱,卻明白當時無力與西方強權抗衡的現實,故暫捨對抗外國威脅的念頭,轉而向其學習、吸收長處,「文明開化」、「殖產新業」等在這個時代背景下成爲響亮的口號。

這樣發展下去的日本成爲了與西方一樣的強權國家嗎?這個答案可以說正確,卻不盡然。事實上,日本想要發展的是一個非西方也非中國的特殊日本。複製西方、學習西方便意味著與過去傳統日本做分野,而傳統日本受到中國影響相當深刻,因此日本社會在十九世紀八○年代漸漸醞釀出「脫亞入歐」的概念。「脫亞」的意思是將「文化」與「地理」定義上的中國做切割,蔑視近代中國而推崇古代中國思想,並認眞思考尋找專屬於日本人的特質,予以認同。與「脫亞」相輔相成的是「入歐」的行動,「入歐」簡單的說,便是試圖將日本納入代表「文明」的「歐洲秩序」中。但是「入歐」並非以「西化」爲最終目標,它只是建立日本特殊論(或是日本主義)的一種手段。

明治時代中期,積極全盤西化與策略性西化的聲音各據一方,1888 年 4月地理學家兼評論家志賀重昂在《日本人》雜誌創刊號的卷頭中寫下〈爲日本人重新出發而餞行〉一文,他談到目前日本面臨最重要的問題,就是選擇符合日本人民與國家的制度,讓日本人能走向未來。往後也有許多文章聲援這樣的概念,認爲日本應該保有其國粹,擷取西方文明精神,同化於日本。隨著日本甲午戰爭及日俄戰爭的勝利,日本的民族優越感越趨成熟。在甲午戰爭之前,類似種族優越的思想已漸漸浮出檯面。一篇名爲〈膽敢在此考察日本人的特質與天賦〉的文章中認爲,由於歷代君主的良善與地理文物形式的純美,讓日本擁有比其他「國家種族」精良的特點,並負有教化後世的重責大任。《馬關條約》起草人之一的政治家金子堅太郎更提出,日本面對西方文明非僅止於模仿,更往創造專屬日本的文明開化的方向邁進。從這一連串的改變中,我們可以清楚的看見日本「入歐」的最終目標與建立日本主義的過程。〔註3〕

日本國內透過對西方現代性的觀看,察覺到自己處於文明位階的末端,學者以時間的概念比喻這種心態爲「遲到的現代性」(belated modernity),說明日本面對西方進步科學發展的緊張心態。爲消弭此種文化上的時差

〔註 3〕 南博,《日本人論:從明治維新到現代》,(臺北:立緒,2003),頁 36～57。

（time-lag），日本積極向歐洲模仿、複製，從文化、思想到器物都是如此，「文明開化」成為明治維新時期一個重要的口號、概念與追求的目標。對理性與科學的崇拜，轉換成一種向西方接收文明傳播權力的授權過程，由外觀上的移植到內在心態對文明持有授予權的信心。1895 年甲午戰爭的勝利，讓日本對於西方現代性的模仿狀態，有了初步的實現。取得殖民地臺灣，是將日本面對西方而處於之前提及現代性「時差」狀態解除的一個大好機會。日本殖民政府將接受現代化的時間優先性，轉譯為授予文明的主導權，以文明傳播者的角色自居，積極彰顯與西方文明的共時狀態。

　　受到西方科學思維的影響，日本殖民政府自 1895 年領有臺灣開始，即對這塊新領地作詳細的調查。這些成堆的調查報告，讓殖民者對臺灣的地理、人文、風俗等種種面向，有了相當程度的瞭解。殖民政府於是參考調查的結果，制訂符合臺灣社會的統治規範。而臺灣作為日本的殖民地，除了實際可見的產業經濟價值外，在形象塑造的場域中，又有何利用價值呢？又或者說，殖民者如何藉由形象塑造的手段，為自我在殖民體制的範疇中，站穩腳步？而身為被殖民者的臺灣人，對於自身形象的塑造是否有所自覺？如果有，他們的回應又為何？

　　這一連串的疑問，讓筆者想知道殖民官方在龐雜的殖民調查報告所建構起來的認識論中，如何利用各種手段，對臺灣形象進行操作，並企圖找尋一般以為無聲的被殖民者，針對殖民官方的行為所作的回應，以求拼湊出日本殖民統治時期臺灣形象的種種面貌。

二、前人研究回顧

　　關於直接探求臺灣形象塑造的文章，多僅著重於博覽會及觀光的角度來探討。在博覽會的部分，程佳惠的《1935 年臺灣博覽會之研究》〔註4〕廣泛地從政治、經濟、文化、衛生宣傳等角度，解讀始政四十年紀念博覽會。其中有部分篇幅討論到，以各具特色的展場與海報、繪葉書、紀念戳、手冊等宣傳品，所勾勒出始政四十年紀念博覽會中的臺灣形象。而這樣的研究取向，其實是延伸於較早探討相關宣傳品中個別符號意義的研究，如蘇文清的《始政四十年臺灣博覽會宣傳計畫與設計之研究》〔註5〕就是這類型的文章，而姚

〔註4〕程佳惠，《1935 年臺灣博覽會之研究》，中央大學歷史研究所碩士論文，2000 年。
〔註5〕蘇文清，《始政四十年臺灣博覽會宣傳計畫與設計之研究》，臺灣科技大學工

村雄的《日治時期美術設計中之「臺灣圖像」符號研究》〔註6〕，更將討論的範圍擴大，蒐羅並分析日本殖民統治時期的出版品、商標、海報、繪葉書等，並爲其所分析挑選出來的符號分類，說明各類型符號的意義。

　　然以上的文章，均未深入分析殖民官方利用宣傳品表現臺灣形象背後的權力運作關係。如果沒有將運作機制列入考慮，無法確實地將符號所呈顯的殖民者統治意涵表現出來。

　　就這點蕭肅騰的《日治時期臺灣殖民觀光意象之解構》〔註7〕作了處理。蕭肅騰深入探討了觀光行程與博覽會背後的權力操作意圖，並將討論帶往高山意象與高砂意象，這兩種殖民者愛用的塑造題材，明顯地表現出殖民者試圖透過操作殖民地特有物，以宰制觀者視野的企圖。但本篇論文並無餘力處理被殖民者發聲管道的議題，其實這樣的議題，是大多處理臺灣形象塑造的研究者所沒有顧及到的。原因之一，或許是因爲在日本殖民統治時期臺灣人的發聲管道被嚴密監控，導致言論受到阻礙，留存下來的資料相當有限，且這些資料是經殖民者許可始得流通，所以內容是否按照臺灣人本意撰寫，仍有待考量。然縱使資料無法眞實地呈現出臺灣人的心聲，且資料數量也有限，卻不代表被殖民者在臺灣形象塑造行動中，屬於全然無聲或缺席的一方。本論文的企圖之一，就是根據當時臺灣人的發聲管道，解讀臺灣人對殖民者所賦予其形象的態度與回應。

　　除了利用觀光與博覽會等方式，向外人宣傳臺灣島，面對被殖民者，教育是塑造及教導殖民者形象的最佳方式之一。在這方面，已有許多研究者透過對教科書的研究來進行相關的探討。許佩賢的《塑造殖民地少國民──日據時期臺灣公學校教科書之分析》〔註8〕便以公學校所使用的各科教科書爲素材，探討殖民者在其中運用不同類型的課文編排，塑造臺灣兒童的集體記憶，培育出新一代的「少國民」，以利殖民統治的施行。而周婉窈更進一步鎖定鄉土教材比例最高的公學校第三期國語教科書爲分析的主軸，認爲公學校國語教科書的鄉土教材中所呈現的臺灣雖然相當接近學童的生活，卻缺乏歷史的

　　　程技術研究所碩士論文，1997 年。

〔註 6〕 姚村雄，《日治時期美術設計中之「臺灣圖像」符號研究》，（臺北：七月文化，2001）。

〔註 7〕 蕭肅騰，《日治時期臺灣殖民觀光意象之解構》，南華大學亞太研究所碩士論文，2003 年。

〔註 8〕 許佩賢，《塑造殖民地少國民──日據時期臺灣公學校教科書之分析》，臺灣大學歷史系碩士論文，1993 年。

深度。因此培育出學童熱愛鄉土，崇敬殖民者，卻疏離自我本色的思考模式。〔註9〕筆者在檢證相關史料之後，認為其論點具有值得參考的價值，故本文在此相關議題的討論中，亦考慮採納與此相近的觀點進行分析，並且透過與原住民學童教育的比較，凸顯殖民者面對不同對象，而相異地操作臺灣形象的手法。

　　就被殖民者的部分而論，雖然多數研究者認為被長期壓抑言論自由的臺灣人，在臺灣形象塑造上是缺席的，但是其實有很多文藝作品的內容，都牽涉到臺灣形象的傳達，因此筆者以為可以透過文藝作品的方向，來探討被殖民者對臺灣形象議題的反應。而眾多討論臺籍人士文學及藝術作品的文章，即是提供筆者探求臺灣人自我塑像的線索。但由於囊括的範圍過廣，所以在此僅將與本文主題方向接近的前人研究，做簡要的討論。

　　在文學方面，王昭文的《日治末期臺灣的知識社群（1940～1945）──《文藝臺灣》、《臺灣文學》、《民俗臺灣》三雜誌的歷史研究》〔註10〕藉由對日本殖民統治末期文學界三大刊物的討論，解讀日籍與臺籍作家在創作理念上的差異；而柳書琴的《戰爭與文壇──日據末期臺灣的文學活動》〔註11〕則接續王昭文的研究走向，補足其論文未觸及的官方角色，並從日本殖民帝國內部政策轉變的角度，確實地深入點出臺籍作家的思考走向。

　　另在美術方面，王淑津的〈日本殖民地時代臺灣美術史的「地方色彩」論題〉〔註12〕將臺灣美術展覽會中，重要的「地方色彩」概念，作簡要且精確的詮釋；而廖瑾瑗的〈臺展東洋畫部與「地方色彩」〉〔註13〕則利用臺展作品分析出臺展中，「地方色彩」在臺、日籍畫家筆下的表現；廖新田的〈從自然的臺灣到文化的臺灣──日據時代臺灣風景圖像的文化表徵探釋〉〔註14〕

〔註9〕 周婉窈，〈實學教育、鄉土愛與國家認同──日治時期臺灣公學校第三期「國語」教科書的分析〉，《臺灣史研究》第4卷第2期，1999年6月，頁7～55。

〔註10〕王昭文，《日治末期臺灣的知識社群（1940～1945）──《文藝臺灣》、《臺灣文學》、《民俗臺灣》三雜誌的歷史研究》，清華大學歷史所碩士論文，1990年。

〔註11〕柳書琴，《戰爭與文壇──日據末期臺灣的文學活動》，臺灣大學歷史學系碩士論文，1993年。

〔註12〕王淑津，〈日本殖民地時代臺灣美術史的「地方色彩」論題〉，《典藏今藝術》第一百二十六期，2003年3月，頁52～58。

〔註13〕廖瑾瑗，〈臺展東洋畫部與「地方色彩」〉，《臺灣美術百年回顧學術研討會論文集》，（臺中：國立臺灣美術館，2001），頁37～62。

〔註14〕廖新田，〈從自然的臺灣到文化的臺灣──日據時代臺灣風景圖像的文化表徵

則更深入分析臺展作品中，各具異國情調與熱帶氣息的符號，呈現臺灣形象被定型化的現象。

以上兩大類型文章，多數仍站在殖民者角度分析問題，僅表現臺灣人被壓抑的一面，並未確實立足被殖民者的立場思考問題，分析其在諸多受限環境中所做的掙扎與思考。本論文將以此方向進行思考，以補其不足。

三、章節安排

本論文的目的，在於透過複雜的殖民宣傳語彙，解讀殖民官方形塑臺灣形象的企圖與操作手法，並且觀察主要接收者（日本內地民眾）的反應，以檢視殖民官方塑造行動的績效。之後反過來分析身為被殖民者的臺灣人，對於官方塑造行動中的自覺程度，並且找尋其在官方重重限制的發聲管道中，對臺灣形象塑造所做的努力。基於以上企圖，本論文將分為殖民者與被殖民者兩個方向，對臺灣形象塑造的議題進行思考。

前兩章著重討論殖民官方形塑臺灣的手段，第一章透過殖民官方對臺灣所做的詳盡調查，突顯臺灣因殖民官方為取信日本內地民眾，和迎合內地民眾探索野蠻的好奇心，而被支解抽取需要部分的過程。並且藉由作為接收者的內地遊客反應，檢視殖民官方操弄臺灣形象所達到的績效。

第二章則以教育方面入手，探討殖民官方對漢族與原住民學童，因統治目的不同，而教導不同的臺灣形象，達成其規訓臺灣學童思考的企圖。並藉由分析修學旅行的內容，瞭解殖民官方落實教科書殖民思想的模式。

後兩章則將重點放在臺灣人的角度思考，分為文學與藝術兩方面來探討。第三章先談文學的部分，以標榜為民喉舌的《臺灣民報》、《臺灣新民報》和日本統治後期文學界三大雜誌的《文藝臺灣》、《臺灣文學》、《民俗臺灣》，找尋臺灣人對官方所進行的臺灣形象塑造行動的自覺，與其和日籍作家對臺灣形塑所持的相異觀點。

第四章進入圖像的層面，以倡導「地方色彩」的臺灣美術展覽會作品作為分析的重點，透過同時期舉辦的臺灣八景票選活動，找出殖民者的審美品味，並檢視臺籍畫家的作品，是否順應殖民者品味的走向？或是另外開創自我對「地方色彩」的詮釋。

探釋〉，《歷史文物》第一百二十六號，2004 年 1 月，頁 16～37。

　　筆者希望能夠透過以上的討論，確實掌握殖民者與被殖民者對臺灣形象的詮釋手法與態度，並且確實地將臺灣形象在種種利益考量下，而被支解、選擇、重組的面貌完整的勾勒出來，爲臺灣形象議題作較爲全面性的討論。

第一章　官方的臺灣形象塑造

　　明治 34 年（1901 年）成立的臨時臺灣舊慣調查委員會，是日本殖民政府有計畫、有規模地調查臺灣住民風土民情的開始。類似如此鉅細靡遺的調查方式，在以作爲東方文化傳播者的思維促使之下，持續進行到日本殖民統治時代結束。而這些基礎的調查結果，是否如實地展現在統治期間所進行的臺灣形象塑造活動上？本節將透過繪葉書、旅遊指南與日本遊客的遊記等材料，試圖分析殖民地臺灣在這些出版品當中的形象爲何？而官方運用這些出版品的手段和目的又爲何？

第一節　殖民政府對臺灣的基本調查與瞭解

一、文明傳播的東方代表

> 拓化未開之國土，使及文明之德澤，久矣白人自信爲其負擔。今則
> 日本國民起於極東之海表，欲分白人之大任。不知我國民是否有能
> 力完成黃人之負擔？臺灣統治之成敗，不能不説爲解決此一問題之
> 試金石。〔註1〕

這是日人竹越與三郎明治 38 年（1905 年）在《臺灣統治志》中序文的一段，文中不但將文明傳播的功勞加諸於白人身上，也將自我提升到文明傳播者的行列中，並以「完成黃人之負擔」爲己任。這樣的想法其實來自於「白種人的負擔」（white men's burden）的概念。

〔註 1〕 轉引自矢內原忠雄著、周憲文譯，《日本帝國主義下之臺灣》，（臺北：海峽學術，2003），頁 11。

　　18 世紀中葉～20 世紀初，歐洲國家在政治、經濟和文化上，漸佔有優勢地位，尤以 19 世紀末期最爲明顯。各歐洲強國在政治上取得優勢地位後，開始以殖民的方式，向外拓展新領地，同時強勢地將其經濟模式與文化輸入殖民地。在面對相對落後的殖民地生活形式時，他們認爲上帝創造了優秀的白人，讓其有能力指導相對低下的種族，因此產生了「白種人的負擔」的概念。這樣的想法也讓帝國主義的海外殖民行動，獲得合理化。十九世紀末英國詩人拉迪亞德‧吉卜林在 1899 年的一首短詩中，爲此寫下深刻的註解：

　　　　承擔起白人的責任

　　　　將你們培育的最好的東西傳播開來

　　　　讓你們的子孫離家遠去

　　　　去滿足你們的俘虜的需要。〔註2〕

在短短幾句詩文中，我們可以深刻感受到，19 世紀末白種人對自我文明的優越感。將殖民掠取的動作視爲當然、視爲己任。在帝國主義的擴散下，西方近代文明的價值觀，幾乎成爲普世性的準則。「文明」的概念包括了議會制度爲基礎的民主政治、資本主義的生產方式、科學與西式的生活方式等。〔註3〕他們將人類世界分爲「文明」與「野蠻」兩類，〔註4〕「文明」者爲了負擔起上天賦與的任務，讓文明之光照亮世界的每個角落，不得不對被歸類於「野蠻」的一方採取某些必要手段。如此高傲的態度，讓同時期一心學習歐美的日本所仿效。

　　19 世紀末到 20 世紀初，日本就像是以歐美強國爲中心的國際秩序中的暴發戶。國內的領導階層，不僅對西方文明感到興趣，對其增強國力的組成因子也感到極大的好奇。爲了要擠進「文明」之列，日本人積極地將這些被視爲「文明」代名詞的制度引進國內，加以推廣。1870 年到 1880 年的十年間，日本不管在政治、經濟、軍事、教育各方面都經歷巨大的變動與衝擊。改革的路是艱難的，保守派與改革派的衝融，經濟改革不良，造成社會下層農民的困苦，進而引發群起反抗的事件，都說明了此時的日本處於一個極爲動盪的時期。到了 1880 年代，一切的衝突與融合似乎摸索出彼此間的平衡點。教

〔註2〕轉引自斯塔夫里阿諾斯著、吳象嬰梁赤民譯，《全球通史──1500 年以後的世界》，（上海：社會科學院，1999），頁 565。

〔註3〕駒込　武，〈臺灣的「殖民現代性」〉，《跨界的臺灣史研究──與東亞史的交錯》，（臺北：傳播者，2004），頁 162。

〔註4〕駒込　武，〈臺灣的「殖民現代性」〉，頁 162。

育上，爲了培養具有國家意識的優秀國民，1890年10月明治天皇發佈了「教育敕令」，這是一種日本忠孝傳統與歐化政治走向的妥協。「教育敕令」的內容如下：

> 朕惟，我皇族皇宗，肇國宏遠，樹德深厚。我臣民，克忠克孝，億兆一心，世世濟厥之美，此乃我國體之精華，教育之淵源亦實存此。
>
> 爾臣民，孝父母，友兄弟，夫婦相和，朋友相信，恭儉持己，博愛及眾，修學，習業，以啟發智能，成就德器，進廣公益，開世務，常重國憲，遵國法，一旦緩急義勇奉公，以扶翼天壤無窮之皇運。如是，不獨朕忠良之臣民，又足以顯彰爾祖先之遺風。
>
> 斯之道，實，我皇族皇宗之遺訓，子孫臣民之俱所遵守，通古今不謬之，施之中外不悖。朕，與爾臣民俱，拳拳服膺，庶幾一咸其德。

通篇「教育敕令」僅傳達著民族社會團結的概念，政府要求所有學生必須熟背，並在重要場合時大聲宣讀。明治政府將這樣的思想透過強制的手段，穩定了團結之路，也將民族意識穩固地凝結在人們的腦海深處，如此的作法也影響著後面章節談論到的臺灣教育。

憲政方面，以伊藤博文爲首，融入普魯士（德國）憲法的概念，調和中央集權與立憲間的矛盾，終於在1889年2月11日由天皇欽定明治憲法，爲走上西化之路的日本，劃下重要的里程碑。國內政治體制的改革，反應的是一種內在心態的轉變，從觀看、親近西方，到接納、學習西方，中間經過反抗、矛盾、內省的轉折，最後成爲與西方並駕齊驅的新日本。

除了實際的制度引進，日本國內還積極地進行國族改造，透過「脫亞」、「入歐」、「新中心」三步驟，重塑國族的歷史記憶，〔註5〕以建構新型態的日本帝國。在重新編寫國族記憶時，瀰漫於當時社會西方的「文明」概念，滲入了這一系列的變革中。例如明治維新前後著名的思想家福澤諭吉就將亞洲地區以「文明」與「野蠻」的方式加以劃分，說明「文明」不再是歐美強國的專利，日本應該積極地參與其中，並提倡「去中國化」以淨化日本內部，提升日本人的自我認同意識。在一連串改造行動之後，日本漸化身爲代表「東

〔註5〕簡單的說「脫亞」就是去中國化；「入歐」即是將日本積極地納入歐洲近代文明的秩序中；「新中心」則是重建以日本爲中心的東亞新秩序。林正珍，《近代日本的國族敘事——福澤諭吉的文明論》，（臺北：桂冠，2002），頁15～26、48～54。

方」來對抗「西方」強權的鬥士。

　　僅僅是本身「文明」化還不夠，必須要有「野蠻」的襯托，「文明」才能更顯光彩。明治 28 年（1895 年）領有的臺灣，正是彰顯自我文明成果的利器，因為在臺灣，日本人有可以相比較的「野蠻」臺灣人民存在。但是事實上，日本帝國的「文明」地位，並不是如此堅定不移。相對於已是「文明」代表的歐美國家，日本沒有如基督教般，那種具普遍性的支配教義，也無法以「膚色」的區隔來支持自己的「文明」地位，在日本國土的外面，更有正牌的文明強國存在；而殖民地內部，還有挾著文明傳播使命的歐美傳教士，因此，日本無時無刻都在接受「文明」的檢驗。〔註6〕為了要更確定自我的「文明」化，日本人開始接受「白種人的負擔」的概念，並且想要以「完成黃人之負擔」為己任。有趣的是，在 20 世紀初期，日本還不敢自稱為「文明」傳播的正宗，僅以作為「東方」代表的身份，謙虛的表示希望能「分白人之大任」，而「臺灣統治之成敗」，則被視為日本帝國增強自尊心的來源。

二、殖民政府對臺灣的調查

　　明治 28 年（1895 年）日本獲得了第一塊海外殖民地——臺灣，將日本升格至與西歐強國同等的地位，換句話說，日本從此刻開始，被賦予了推廣近代文明的偉大使命。雖然有如此雄心壯志，但是對於無殖民經驗的日本而言，對臺灣的殖民統治是項艱鉅的任務。而初期的臺灣統治，就在朝令夕改的混亂中展開。這種混亂的狀態，到第四任臺灣總督兒玉源太郎與其副手民政長官後藤新平來到臺灣後，有了轉變。

　　受德國醫師訓練，並廣泛閱讀殖民主義相關文獻的後藤新平強調「殖民政策乃生物學」的主張，認為唯有徹底瞭解臺灣風土民情，才能制定適切的統治策略。再加上明治末期，日本的官員抱持著凡事以科學方式思考的想法，他們認為近代西方科學技術，是達成文明化最有效的門徑。而「科學的」方法意味著對任何事情都要謹慎細密的調查，並以此作為基礎，制訂適合的政策。〔註7〕綜合國內氣氛與自我主張，後藤開始設立種種的研究組織，如臨時臺灣土地調查局、臺灣慣習研究會等，從行政、土地、法律、習俗等方向，

〔註6〕駒込　武，〈臺灣的「殖民現代性」〉，頁 164～165。

〔註7〕Mark R. Peattie 著、淺野豐美譯，《殖民地——帝國 50 年の興亡》，（東京：讀賣新聞社，1996），頁 122～123。

展開對臺灣的調查，〔註8〕臺灣成為日本治理殖民地的「實驗室」。〔註9〕

　　歷經數年的調查研究，缺乏系統性和學術性的分析，造成研究難以統合的困難，但是徹底瞭解臺灣風土民情又是必行之事。有鑑於此，後藤認為實有必要另立一具系統性與學術性的舊慣調查機構，於是在明治34年（1901年）設立臨時臺灣舊慣調查會，這也是殖民政府有計畫、有規模地調查臺灣漢族與原住民歷史與習慣的開始。

　　在經過多年的調查，臨時臺灣舊慣調查會的成果豐碩，出版了《臺灣私法》十三冊、《清國行政法》六卷七冊、《蕃族調查報告書》八冊、《番族慣習調查報告書》五卷八冊、《臺灣番族慣習研究》八卷八冊、《臺灣蕃族志》一卷一冊（森丑之助）、《臺灣蕃族圖譜》二卷二冊（森丑之助）、《調查經濟資料報告》上下卷二冊等。透過如此龐大的調查結果，在殖民者對於瞭解漢人與原住民社會風俗的各個環節上，都有相當的助益。從漢人的農業生產、商業行為、婚喪喜慶等各式習俗，到原住民的分類、節慶儀式、身體裝飾與生活狀態等，都詳細地調查記載，以供殖民政府作為施政的參考依據。

　　科學治理的思想，在日本殖民政府統治臺灣期間，始終扮演重要的角色，因此地毯式的調查行動，一直持續到日本退出臺灣為止。在《臺灣的殖民發展及人口》一書中，為此提出相當貼切的看法：

> 在日本統治之下，臺灣很可能稱得上是全世界被調查的最詳細最完整的殖民區域。每年有大量的統計數據、特殊的數字調查不斷地被編纂。經濟、地勢、原住民部落、礦藏、農產品、工業產品以及外貿等，全部都被調查及再調查，一直查到沒有什麼東西可以再加進原先的知識之中。〔註10〕

從1946年刊行的《臺灣省五十年來統計提要》中，就可以清楚的看見日本殖民政府的調查成果，其中分為24類〔註11〕，包含了540個大小不同的統計表。再看各類的細目，發覺日本殖民政府幾乎不放過任何可以用數字呈現的事

〔註 8〕山根幸夫著、吳密察譯，〈臨時臺灣舊慣調查會的成果〉，《臺灣風物》第三十二期第一卷，1982年3月，頁23。

〔註 9〕Mark R. Peattie著、淺野豐美譯，《殖民地——帝國50年の興亡》，頁123。

〔註10〕轉引自姚人多，〈認識臺灣：知識、權力與日本在臺之殖民治理性〉，《臺灣社會研究季刊》第四十二期，2001年6月，頁124。

〔註11〕分別為曆象、土地、人口、行政組織、司法、農業、林業、水產、畜牧、礦業、工業、勞工、商業、財政、專賣、金融、郵電、鐵路、公路、航務、教育、衛生、救濟及宗教、警衛。

情，他們利用五十年的時間，徹底的將對臺灣的瞭解數字化、科學化，讓人一目了然。難怪竹越與三郎會以自豪的口吻說：

> 當我在土地調查局翻閱各種不同的地圖及土地帳冊，並親眼目睹裡
> 頭員工的工作情形時，我不禁對其工作之廣度及工作之效率由衷地
> 讚嘆。這個島上的每一個城鎮，每一個村落，其確實位置都已經被
> 掌握，每一個田地及農場，不管它們再怎麼小，我們都可以準備好
> 的地圖中找得到……當我們來到放置土地帳冊的房間時，後藤要求
> 其中的一個官員向我展示某一個村落的地圖，該名官員看了看索
> 引，隨即迅速找到一張地圖在我們面前攤了開來……我們看到了稻
> 田、茶園、小溪、山丘、森林，它們都是經過三角測量後精確地被
> 劃上……只要有一枝鉛筆及一張像這樣的地圖，我們便可以輕易地
> 計算出臺灣的地形及地勢，就像是我們在看自己的手心一樣簡單。
>
> 〔註12〕

在經過一連串縝密的調查後，臺灣對於殖民者而言，已不再神秘難測，透過一張張的調查數據、地圖、報告書，臺灣就像殖民者的「手心」，想看時，打開手掌，即可輕易覽視。

殖民政府既然對臺灣有了深刻的調查與瞭解，那麼殖民政府如何在強大的學術研究成果支持下，將這塊帝國的新領地介紹給內地人？在殖民政府強力宣傳下的臺灣，呈現何種樣貌？

第二節　臺灣原住民意象呈現

> 說到臺灣，必然會聯想到的是蕃人，對於領臺三十餘年的今日，除
> 少數人士對此（臺灣）有正確理解的現象表示遺憾。〔註13〕

這是昭和 5 年（1930 年）臺灣總督府警務長石井保在《臺灣的蕃族》一書的序言中提到的現象，而類似的言論也在日籍畫家竹久夢二的文字中出現：

> 「臺灣有生蕃人和穿著制服的日本人」，這就是我原來對臺灣人文地
> 理的認識。其他還有什麼，我並不知道，所以想也沒想過。換句話
> 說，我從未注意到還有本島人的存在。但是這也沒什麼好笑的。很

〔註12〕 轉引自姚人多，〈認識臺灣：知識、權力與日本在臺之殖民治理性〉，頁 153。
〔註13〕 藤崎濟之助，《臺灣の蕃族》，（東京：安久社，1930），頁 3。

多日本人不知不覺間只曉得一個沒有本島人的臺灣吧！〔註14〕

從以上兩段文字發覺，日本內地人在認識臺灣這塊新加入帝國的殖民地時，原住民是被獨立出來看待的，「蕃人」幾乎與「臺灣」劃上了等號。而原住民之於臺灣的特殊性，在日本未領有臺灣之前就已是如此。

在日本欲佔領臺灣時，德國也想在東洋佔領一根據地，德皇主張佔領臺灣，但是德國政府不同意，這是因為精通中國事務的 Richthofen 教授反對之故，其反對的理由之一，即是臺灣有「難以征服之『蠻族（指原住民）』」，不適合殖民。〔註15〕另外，簽訂馬關條約時，日本要求割讓臺灣，李鴻章也表示臺灣不易治理，希望日本放棄的理由也有「生蕃『出草』，威脅經濟的開發」一項。〔註16〕由此可見，在未深入瞭解臺灣的外國人眼中，臺灣的原住民被形塑為「難以征服」、會「出草」的野蠻且神秘的形象。先前又提到內地人認識臺灣的刻板印象中，「蕃人」就等於是臺灣的代名詞，而「蕃人」的形象又是如此蠻橫、難以親近，臺灣也因此與野蠻劃上了等號。

在前一節，我們已討論過日本殖民政府對臺灣的調查，因此就官方而言，他們對臺灣實已瞭若指掌，但是為何在內地人的認知下，野蠻的「蕃人」仍會成為臺灣的代名詞？造成中間落差的原因何在？另外，在觀光興起的背景下，許多內地人陸續來到臺灣遊覽，實際的原住民部落參觀對於這些遊臺的內地人造成何種衝擊？原住民的刻板形象是否也因此有了改變？

一、被野蠻化的臺灣

如果將統治初期，日本對臺灣的認識約略分為兩種路線，一種屬於官方、理性、科學調查的方式；另一種則是接下來要討論的，出現在民間版畫或小說中臺灣的形象。

對於明治時期的日本民眾而言，臺灣是個遙遠又蠻荒的國度，對於臺灣唯一印象大概就是關於牡丹社事件的媒體報導。或許由於事件的結果是十四名因船難而漂流到臺灣的琉球船員遭到原住民殺害，也或許因為十九世紀中晚期的日本，正處於積極文明化、跳脫半文明的狀態下，媒體毫不遲疑地將

〔註14〕竹久夢二，〈臺灣的印象──難看的女學生制服〉，《臺灣日日新報》，1933 年 11 月 14 日；翻譯見顏娟英，《風景心境：臺灣近代美術文獻導讀》，（臺北：雄獅，2001），頁 96。

〔註15〕矢內原忠雄著、周憲文譯，《日本帝國主義下之臺灣》，頁 13。

〔註16〕同上註，頁 13～14。

殘忍野蠻的意象加諸到殺害琉球船員的臺灣原住民身上，將原住民直接定義為「野蠻」的一方，以凸顯日本「文明」的位置。這種呈現臺灣原住民形象的方式，甚至延續到牡丹社事件過後兩年（1876 年），《明治太平記》仍以圖說的方式呈現牡丹社原住民吃人的意象。儘管這與事實有一大段差距，但是藉由日本媒體的渲染並傳送到國際，臺灣原住民食人的行為漸成為國際理解臺灣的方式。

　　遙遠加上模糊的野蠻印象，大眾對於到臺灣工作的日本人有著幾乎無法撼動的刻板印象。在當時民間流傳著，去臺灣的人「如果不是流浪漢，就是些來歷不明的傢伙」。新加入帝國的殖民地，對於經濟收入不穩定的人來說，是個充滿無窮潛力的地方，當然，實際經商成功的人少之又少，摸摸鼻子捲鋪蓋回家鄉的人佔大多數。描寫此種情況的小說非常多，1897 年（明治 30 年）《新著月刊》的〈落葉〉就是一例，作者佐藤迷羊在描寫一位不事生產的男子田中，投資股市失利，卻仍抱持的天真的想法，心想只要到臺灣待個五六年，就可以賺個一兩萬，到時候在東京買一棟豪宅，和妻子過著逍遙自在的日子。結果，卻在臺灣得了熱病，一事無成的回國。由於這樣的例子實在太多了，甚至有人將因負債而連臺灣都無法生存的人戲稱為「臺灣土產」。在名為〈臺灣土產〉的小說中，激烈的批評著這些投機份子：「這些去臺灣的傢伙們，如果是官吏的話，若不是來歷不明的人，就是一些有問題的傢伙；如果是一般百姓的話，那就是些自食惡果的倒楣鬼或是大騙子。總之，都是一些披著人皮的禽獸。所以，你啊，我告訴你，簡直是沒有一個正直或真誠的想到臺灣工作的人，因為這些正直誠實的人妨礙到那些壞傢伙，反而會受到排斥，被趕出臺灣。所以一般來說，這些有道德的君子們一在基隆登陸，他馬上會受到瘧疾感染，同時也受到臺灣風氣的洗禮而墮落」。〔註17〕作者不一定實際瞭解真正在臺灣的日本內地人生活，但是透過他的文字，我們可以清楚看見一般人對臺灣的偏見。

　　其實擁有這樣的想法也不奇怪，臺灣對明治時期的日本是一個新殖民地，對於中央而言，的確是個維新成功的重要指標，但是這畢竟僅限於在政治方面的意義；對於百姓來說，臺灣是帝國遙遠的領土，非必要絕不可能與

〔註17〕島田謹二，〈明治時代內地文學中的臺灣〉，《臺大文學》4：1，1939 年 4 月 9 日；收入於《日治時期臺灣文藝評論論集（雜誌篇）第二冊》，（臺南：國家臺灣文學館籌備處，2006），頁 345～370。

那個狀況不明的島嶼有任何關係，因此前往臺灣謀生成為下層階級或不務正業者翻身的方式。小說《花》裡的下層階級人物阿鐵，因為生活無望只好與家人到臺灣求生機，其中說道：「昨天才逞強說要去臺灣呢，其實……誰想去這麼遠的地方呢？」短短一句話道出心中的無奈。這個時期對臺灣在地的描寫不外乎是炎熱潮濕的天氣、盛產芭蕉的國度、原住民與瘧疾橫生的地方。〔註18〕

明治時期的臺灣形象正如當時臺灣在日本殖民體系下的處境，接收過程艱辛，統治方針的不確定感，卻又帶著無窮的希望。臺灣對於明治時期的日本民眾而言，僅是幻想的投射對象，一點風吹草動都可以構成一個個扣人心弦的冒險故事。意象中的臺灣代表著遠方、代表著思念、代表著新的開始，也代表著人們乞求安定生活的反向思考。

理性分析與鄉野傳奇，這兩條看似不相關的認識臺灣路線，在人類學研究進入臺灣後，產生了交集。人類學科是現代性眾多影響結果中的一項，因應舊慣調查的需要，舊慣調查會聘任了當時在日本著名的人類學家來臺調查原住民的生活習俗，現在為人所熟知的伊能嘉矩、森丑之助等人便是因為這樣的機緣，來到臺灣，也留下彌足珍貴的調查資料。人類學者帶來的不僅是科學理性的分析，更重要的是攝影技術，攝影讓「真實」與臺灣相遇。

這些在調查過程所拍攝的照片，因為某些未明的原因流出了官方體系，被商人製成明信片在民間流傳。印刷技術的進步，讓明信片的製作成本降低，其低廉的售價，讓一般民眾可以輕鬆取得。一張跋山涉水深入臺灣山區才能拍攝到的珍貴照片，透過印刷術不斷複製加工，成為市場上販售的商品，被來往臺灣的旅人買來做紀念或餽贈親友，讓在不同時空的人們，同享拍攝者按下快門的瞬間。然而，看似紀錄「真實」的靜態照片，本身卻內涵誤讀的可能。照片的題材選擇與取景角度，與拍攝者背後的時代知識氛圍有密切關係，因此以為客觀呈現眼前事物的照片，其實在產出的同時，便是極度主觀的結果。而觀看照片的人們，已經無法與拍攝者處於同一個當下，因此觀者便利用自己的文化生活背景，來理解畫面中的訊息，產生對畫面內容的第二層誤讀。

舊慣調查時所拍攝的照片，原本是人類學家對臺灣原住民調查記錄，但是被製成明信片之後，照片從嚴密架構的調查報告中抽離，脫開其原本的論

〔註18〕　島田謹二，前引文。

述脈絡。在二十世紀初期的日本社會，文明進化已成為大眾的信仰，市面上不僅以流行時髦的西式物件販賣文明，也透過各種管道販賣野蠻。

明信片為民眾提供另一種觀看野蠻方式，原住民本身的生活習慣不是問題，問題出在於被產出的方式與時代，二十世紀初期只要是不符合西方文明要件的事物，都屬於野蠻的一方，臺灣原住民的生活模式明顯被歸類於此。照片本身代表的「真實」性，將原住民的樣貌與生活習慣以看似精確無誤的方式，傳送到人們眼前。人們用自我的知識背景閱讀這些照片，以符合心中對野蠻想像，並將這些想像用照片加以驗證。這些個別的想像，透過人們的口耳相傳與市面上流傳的各式臺灣原住民明信片的強化，「真實」加上「想像」，成就了日本大眾對臺灣刻板意象：野蠻原住民與日本教化者的結合。

二、繪葉書中的原住民形象

「葉書」就是日文「郵便葉書」的簡稱，即是明信片的意思，由郵政省發行的，則稱為「官製葉書」，加印圖畫或相片的，就稱「繪葉書」。

明信片始於 19 世紀的歐洲，最早在 1869 年自奧地利（奧匈帝國）開始，由於便捷與廉價的特性，快速的在歐美各地盛行。之後傳到亞洲，1873 年日本發行最早的「官製葉書」，隨後 1874 年上海「工部局書信館」亦開始印製明信片，1879 年香港也開始發行，因此 1870 年代中國與日本已經有明信片的流通。[註19]

臺灣明信片的發行，要到日本殖民時代才開始，但剛開始並不允許民間私自印製，直到明治 32 年（1899 年）日本內地才同意私人印製葉書，而臺灣也到明治 33 年（1900 年）才開放。日本內地最早發行的「繪葉書」在明治 35 年（1902 年），即「萬國郵便連合加盟二十五年紀念」，一套六張，隨後興起日本「繪葉書」風潮，例如日俄戰爭期間，日本遞信省發行相關紀念繪葉書，共 8 個系列 47 種，引起民眾排隊購買。之後官方或是民間陸續發行各種紀念繪葉書，帶動繪葉書迷購買及交換的風潮。[註20]

臺灣此時也受到這股流行的影響，1905 年（明治 38 年），臺灣舉行了一場繪葉書交換會，地點在臺北的丸中溫泉，可見得當時臺灣已有相當程度的

〔註19〕 國家圖書館特藏組編；際宗仁主編，《世紀容顏（上）——百年前的臺灣原住民圖像：頭目、勇士及傳統工藝》，（臺北：國家圖書館，2003），頁 6。

〔註20〕 同上註，頁 7。

人在蒐集繪葉書。而遇到始政紀念日或是其他重要活動，官方也會發行相關紀念繪葉書。此外，民間方面如私人書店、出版社甚至百貨公司，也都有繪葉書的發行。〔註21〕甚至《公學校用國語教科書》與《蕃人讀本》中，亦穿插了與繪葉書相關的課程，在學校的修學旅行中也鼓勵學童使用繪葉書，向家人告知旅行情形，可見得繪葉書在民間使用的普遍性。〔註22〕

　　基本上，繪葉書上的圖片來源約有三種：一是照片，人類學家拍攝的原住民照片，即在這類範疇；二是畫家手繪的風景圖；三是取材於官方海報。臺北國家圖書館現藏八百多張以原住民為主題的繪葉書，其中有 448 張經整理出版。日本殖民統治時代在臺灣及日本發行及流傳的原住民繪葉書總量為多少，並不清楚；國家圖書館現藏的八百多張繪葉書，佔當時發行量多少百分比，也無法估算。在已刊行的 448 張，雖然編者在選擇時所帶有的主觀態度，影響著選材的角度，但是仍可藉由這 448 張繪葉書，以及當時在報章雜誌上刊載的言談，大致推論出原住民在當時日本人心中的形象。我們大約可以將繪葉書上圖像的類別，分成展示原住民、強調原始與兇殘印象，和誇耀治理結果（或可說是馴化原住民）等三個面向加以探討。

（一）展示原住民

　　就展示而言，又約略可分為抽離生長環境與置於生活空間兩種形式。前者將原住民的生長空間抽離，僅存其樣貌（如圖 1-2-1、圖 1-2-2、圖 1-2-3、圖 1-2-4 等都是）。

　　這些抽離生活空間的原住民圖像，似乎都變得平面而不真實。如圖 1-2-4，將蕃族婦女與孩童刻意置於布景前，有如雕像般被展示在觀者的面前，個人性格特色在生長背景抽離時，也同時被忽視，僅存軀殼供人欣賞。圖 1-2-5 到圖 1-2-7 雖將生活空間還給原住民，但是圖像中的原住民如生物標本般或正面、或側面、或背面向著鏡頭，觀者可藉由繪葉書上的圖像，將原住民如標本般的身體一覽無遺，並且對其服飾、物品、習俗做些許的瞭解。更有甚者，如圖 1-2-8，將三名原住民婦女置於「化蕃的由來」的牌子兩旁，畫面中的婦

〔註21〕同上註，頁 9。

〔註22〕例如第二期《公學校用國語教科書》第五卷的〈ハガキ（繪葉書）〉、〈ニイサンニ（給哥哥的信）〉與《蕃人讀本》第三卷的〈ハガキ（繪葉書）〉、、〈ニイサンニ（給哥哥的信）〉。臺灣總督府，《（第二期）公學校用國語教科書　卷五》，（臺北：臺灣總督府，1913），頁 16～19；臺灣總督府，《蕃人讀本　卷三》，（臺北：臺灣總督府，1916），頁 45～51。

女似乎藉由告示牌來訴說自我族群的來源。但是豎立告示牌者顯然是殖民者，所用的語言也是殖民者的語言，因此畫面中的三名婦女並非自主說明，而是被殖民者所標記展示，有如商店中的商品被標示著製造成分般的被標示著。如此原住民仍是被觀看的客體，生活背景的加入，僅是增加觀者觀看的樂趣而已，對原住民個體獨特性的瞭解，並無多大效果。

圖 1-2-1　　　　　　　　　　圖 1-2-2

圖 1-2-3

圖 1-2-4

圖 1-2-5

圖 1-2-6

圖 1-2-7

圖 1-2-8

（二）強調原始與兇殘印象

殖民政府統治原住民的藉口，在於原住民的「野蠻」特性，「野蠻」讓一切統治的手段正當化，因此「野蠻」的形象需要一直不斷地被強調。價格低廉、流通量廣的繪葉書，就提供了一個適切的場所。就繪葉書的購買者而言，「野蠻」或許是勾起他們購買慾望的原因之一。而「野蠻」形象通常與原始、兇狠、袒胸露體與生活習慣落後等意象聯想在一起。配帶武器的勇士（如圖1-2-9、圖1-2-10）與獵首的畫面（如圖1-2-11、圖1-2-12），無疑是增強原住民的兇殘形象。另外，衣不蔽體（如圖1-2-13）、被認爲不雅的飲食方式（圖1-2-14）或耗費人力的工作型態（圖1-2-15），也出現在繪葉書的畫面中。

圖 1-2-9

圖 1-2-10

圖 1-2-11　　　　　　　　　　　　　圖 1-2-12

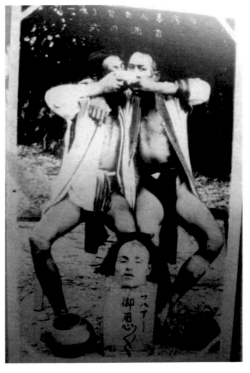

圖 1-2-13

圖 1-2-15

圖 1-2-14

　　兇殘與落後相比，兇殘似乎會帶給人們更大的衝擊，尤其是獵首行為，更增加了原住民神秘及恐怖色彩，而這樣的形象也廣植於內地人的心中。這點我們或許可以藉由日籍畫家河合新藏的言論加以瞭解：

> 在日本想像中的蕃人，總是來自於一幅描繪明治七年（1874 年）日
> 軍征臺的錦繪得來的印象，畫中看起來非常猙獰的樣子……提到蕃
> 人，內地最熟知的事情就是獵取人首的事。〔註23〕

可見在內地人的心中，兇殘早已是對臺灣原住民想像中不可缺少的元素，觀看繪葉書時，無疑正是滿足自我對異文化的想像。被刻意挑選印製在繪葉書上的獵首畫面，強化了原住民的兇殘形象。而獵首既是最早被內地人所知的

〔註23〕河合新藏，〈臺灣的蕃界〉，《中央美術》，1916 年 8 月號；翻譯見顏娟英，《風
　　　　景心境》，頁 65。

原住民面貌，大量相關主題的畫面，藉由繪葉書廣泛地流傳，很容易被內地人所接受。被想像成宗教神秘儀式的獵首行為，並非每個人都能親眼目睹，但是透過繪葉書，一般民眾可以不受威脅地直視獵首的經過，獲得視覺上的滿足。

神秘兇殘的形像，其實不一定需要血腥的的畫面做搭配，也能營造類似的效果。圖 1-2-16 畫面的主體是排灣族的建築，屋簷的下方裝飾著有人面圖形，是幅看似中性無帶任何威脅性的畫面，但上方的說明卻寫著：

> 是不會感到害怕啦，但是看到那麼多骸骨的圖畫還是會覺得
>
> 應該是因為感受不同吧。這些圖畫對於那些蕃人來說，是非常可愛的裝飾呢
>
> 真的嘛？！那這些住宿所都是為了這樣所以才畫上這些圖畫的囉[註24]

簡短對話形式的說明，加深了一般內地人對原住民根深蒂固的偏見。

圖 1-2-16

圖 1-2-17 與圖 1-2-18 是兩張以相同的畫面冠上不同說明的例子。其中一張是：

〔註24〕陳宗仁編，《世紀容顏（上）──百年前的臺灣原住民圖像：頭目、勇士及傳統工藝》，頁 182。

以產木瓜聞名的屏東，有著很多的熱帶植物，東半部的山地到現在還沒有開發，那裡是布農族、排灣族、鄒族三族的蕃界，約有一萬三千多人居住，非常具有異國風情。〔註25〕

另一張則是：

人的臉與蛇！竟然是一些人覺得怪異的裝飾，而且這居然是旅館的廣告看板更是令人覺得驚訝。從深山來到繁華的都市，能讓蕃人安心睡眠的地方也只有這裡了。〔註26〕

同樣的圖像內容，兩樣說明，一張著重於原住民現狀的說明，另一張則訴諸主觀印象。前者的說明與圖片內容並無直接關連，圖片僅為單純的背景，作為訴說原住民分佈事實的前提；後者則著重在屋簷下的裝飾造像，存在的裝飾圖形，被說明者形塑為詭異且神秘的。由此可以看出，原住民的形象被殖民者的文字任意詮釋，並建構一種圖從文的模式，使繪葉書的圖像成為工具化的意識型態載體。

圖 1-2-17

〔註25〕同上註，頁 181。
〔註26〕同上註。

圖 1-2-18

（三）誇耀治理結果（馴化原住民）

　　除了展示與凸顯原住民原始意象外，誇耀治理成果，也是繪葉書常見的類型之一。圖 1-2-19 為臺東馬蘭社頭目的家族照，雖說是家族照，但是其家族卻被安排在畫面的最左方，僅有照片四分之一的高度，人的面容是模糊不清的。畫面的中央是一面日本國旗，相當顯眼地插在頭目的家門口，這似乎意味著殖民者宣示其對原住民的統治權。圖 1-2-20 也是如此，一張繪葉書上擺放兩張照片，其中一張行軍的照片被標記為「拂曉的徒涉」；另一張是原住民扛著日軍者，名為「在蕃界示威」。如此僅需利用一張繪葉書，即可向觀者說明征服原住民部落的辛勞與馴化的成果。

圖 1-2-19

圖 1-2-20

　　上述所提的三種面向，並非全然獨立，有時在一張圖像中會交錯在一起。例如圖 1-2-21，畫面上是三位原住民在進行搬運的動作，其中兩位背上背著身穿和服的婦女與女孩，另一位身上背載著物品，畫面主題被標示為「南蕃族的旅客與物品搬運」。畫面除了將原住民搬運東西的方式作介紹外，透過背上的日籍婦女與孩童，傳達馴化原住民的意味。原本想像中兇殘野蠻的原住民，如今卻在殖民政府的統治下，變得溫和且易於馴服。同時，又藉由背物的身體姿態，間接傳達地位的上下關係。原住民處於下方的位置，且頭部與背部因背物的關係，成低下狀；位於上方的日籍婦女撐著陽傘，一派悠閒的望著遠方。如此透過膚色的黑與白、男性與女性、勞苦與悠閒、上與下等一連串對比手法，將統治者與被統治者角色，表現得淋漓盡致。〔註27〕

<hr />

〔註27〕原住民素材也出現在始政紀念繪葉書的畫面中，也是相當值得探討的議題，筆者曾做過初步的探討，參見拙著，〈「有名」與「無名」——日治時期殖民者與被殖民者的形象建構〉，《臺灣美術》五十八號，2004 年 10 月，頁 76～95。

圖 1-2-21

三、原住民形象的轉變

　　由上面的討論可以瞭解，繪葉書中的原住民形象是兇殘、落後、被馴化的，而隨著日本殖民統治的時間增加，在臺的各項建設也漸漸發展出一定的規模，對於日本內地人到臺灣旅行也愈趨便利。在日本統治臺灣的這五十年當中，有許多內地人來臺旅遊，總督府方面也積極的在倡導臺灣觀光。在結束旅臺行程後，部份人士將自己的旅行，用文字的方式記載下來，寫成遊記發表在報章雜誌上。我們發覺在這些親身探訪原住民者的文字底下，原住民是天眞的、善良的、樸實的，與一般的刻板印象顯然有著明顯的差異。

　　之前提到河合新藏的文章，就可發覺河合新藏亟欲想爲臺灣原住民去污名化的心態：

> 在日本所想像中的蕃人，總是來自於一幅描繪明治七年（1874 年）
> 日軍征臺的錦繪得來的印象，畫中看來非常猙獰的樣子，然而實際
> 接觸卻完全不同。他們的膚色住在山地的比起臺灣百姓更白，與日
> 本內地人的想像完全迥異。即使感覺陰鬱或有翻白眼的神情，卻絕
> 對沒有殘忍、猙獰的感覺。〔註28〕

在去除了原住民身上「殘忍」、「猙獰」的刻板印象後，河合新藏重新賦予原

〔註28〕河合新藏，〈臺灣的蕃界〉，頁 65。

住民「單純」、「天真」的形象：

> 他們（即原住民）的生活是極為簡單的方式，例如孩子的穿著，一旦做好穿上去後，就一直穿用到破得不能再用為止，絕對不洗或修補。蕃人的小孩，即蕃童非常天真可愛。烏來設有蕃童小學校教育他們。這個學校有十一位學生，由一位老師負責。學生們都寄宿在學校，卻沒有適當的設備……總之很克難地過著簡單的生活。〔註29〕

在文字中，原住民是勤儉的、天真的、刻苦的，宛如一位向上青年，在逆境中求生的奮鬥故事，令人憐惜。

　　原住民在這些殖民探訪者的面前，也展現平時對日本文化的學習的成果〔註30〕，原本帶著恐懼的心情進入蕃地探險的內地遊客，到了原住民部落才發覺與之前的想像完全不一樣，本來在想像中兇殘的原住民文明化了。他們可以坐下來與來訪的內地人談論日本，原住民孩童可以用標準的日文與這些內地人打招呼，獵首的風氣不再，人們開始習慣農耕的生活，似乎這些都要感謝殖民政府的努力。由於訪客的身份，屬於殖民者的一方，因此在驚訝於教化成果的同時，也為殖民者的身份而沾沾自喜。〔註31〕

　　原住民天真形象的塑造，除了靠努力學習與勤儉生活的例子外，原住民舞蹈也為此形象產生正面加分的作用，其中最為大家所熟知的，就是日月潭的杵音。不只一篇遊記提到這種舞蹈，欣賞的內地人對這些音韻單調、節拍簡單的舞蹈意境，多有體會，進而加以讚美。〔註32〕藤山雷太在《臺灣遊記》中，將觀賞原住民舞蹈視為臺灣旅行中最佳的行程，甚至在此之後，對原住民產生極度的好感。他認為來自南洋的原住民與混合其他民族而生的大和民

〔註29〕同上註，頁64。

〔註30〕蘇峰迁人在角板山參觀原住民的小學教育時，面對原住民居然能與他談論日本建國神武天皇、海軍記念日與戰爭的種種，這都讓他懷疑起自己的耳朵是否聽錯？不只如此，河合新藏與鹽月桃甫也為原住民一句字正腔圓的問候語，感到驚訝不已。蘇峰迁人，《臺灣遊記》，無出版資料，頁42~43；河合新藏，〈臺灣的蕃界〉，《中央美術》，1916年8月；鹽月桃甫，〈內太魯閣行──東臺灣旅行的懷想〉，《臺灣時報》，1939年10月。

〔註31〕「臺灣的蕃人隱匿在深山幽谷之間，與現代文明完全隔絕，以原始的方式生活。曾經有獵首的弊風，但是現今在皇化的沐浴下，這些暴行逐漸地消失殆盡」，這段文字，即可顯露出這點。藤山雷太，《臺灣遊記》，（東京：千倉書房，1936），頁95。

〔註32〕例如藤山雷太，《臺灣遊記》，頁62；田村剛，《臺灣ノ風景》，（東京：雄山閣，1928），頁158~159；蘇峰迁人，《臺灣遊記》，頁62。

族，擁有著相同的命運，兩者的祖先應該相同。在體悟這點後，藤山雷太認為多了一層親戚關係的原住民，變得既親切又可愛。而原住民舞踊的圖像，也隨著繪葉書流傳至內地，在兇殘形象外，給予內地人另一種原住民想像（如圖 1-2-22、圖 1-2-23）。

圖 1-2-22

圖 1-2-23

　　杵舞對原住民意象有美化的作用，成為部落觀光的招牌特色之一。但是如此一來，卻又落入另一種野蠻思維當中，只是這種野蠻是美好、令人嚮往的烏托邦。相對於以文明世界自居的殖民帝國，人們處於喧鬧、利慾薰心的複雜環境，低度開發的原住民部落，成為內地人想像中的異地樂園與心靈追求的目標。未開化的樸質特性，也成為大眾幻想、消費的對象。〔註33〕

　　有趣的是，促使原住民地位提升者，不只遊客，連整個殖民體系也都在其中運作：

> 今上陛下　與皇太子殿下……認為以生蕃等稱呼，過於原始，也缺
> 乏好感等理由，改稱為高砂族。高砂是臺灣的別名，因為他們是最
> 先居住（在臺灣）的種族，所以絕對不可以冒犯，三百年前至今，
> 都是靠他們的力量，才能維持鬱蒼的臺灣林貌。今日的蕃界無盡的
> 寶庫，與我等同在的千古樟檜林，亦是因為有他們的緣故。〔註34〕

在短短幾行文字當中，原本地位低下、生性兇殘的原住民，在天皇有意改名去除野蠻化的行動下，原住民成為臺灣住民的源頭，日本帝國的寶藏，神聖而不可冒犯。同時也透過重新命名的方式，將原住民正式納入帝國統治的領域之中，或者說正式納入進化的範圍中。

第三節　觀光取向下的臺灣

　　日本殖民統治時期的臺灣鐵路建設，自明治31年（1898年）5月開始，分成北中南三段進行。隨著鐵路建設的進展，大大縮短了南北交通所需的時間。縱貫鐵路通車後，搭乘火車從臺北至高雄只要11個小時，大正12年（1923年）更縮短至10個小時。除了縮短旅程的距離，票價低廉也是吸引旅客搭乘火車的原因之一。〔註35〕便捷又廉價的交通建設與各城鎮的現代化發展，漸漸帶動起臺灣島內旅行的風潮。

　　在官方推動觀光的政策導向下，許多名勝景點被開始提出，進入官方製作的觀光指南當中。本節將探討，這些官方操作下的觀光景點所代表的意義。

〔註33〕蕭肅騰，《日治時期臺灣殖民觀光意象之解構》，頁35。

〔註34〕川村竹治，《臺灣の一年》，無出版資料，頁40。

〔註35〕1901年到1940年，火車的平均票價約為一個男性礦工一日薪資的50%，男性農業勞動者的76%，工廠工人的42.5%，在政府任職者的30.5%。呂紹理，《水螺響起：日治時期臺灣社會的生活作息》，（臺北：遠流，1998），頁101～102。

另外，與觀光旅遊相輔相成的各式博覽會中的臺灣形象又如何被呈現？最後，論及透過陸續來臺遊覽的內地人宣揚，一般普遍存在的臺灣偏見是否有所改變？

一、被選取的觀光臺灣形象

　　一個風景名勝的產生，並非單純只因為該地具有好山好水的客觀地理條件，風景中的一草一木，都充滿著政治、文化、經濟等多樣意涵，像是某些特殊景點，往往附帶著許多記憶、故事或教訓在其中。風景本身是地理上的一個結點，這些結點並不僅由距離長短或地貌上的差異來決定，而是連結或是刻印著權力關係的脈絡。一個「景」的產生，「牽涉到多重的權力關係，和各種特殊的社會情境」〔註36〕。日本殖民政府官員或其他內地人士，透過舉辦各式活動（如臺灣新八景的票選活動）、文學作品和不斷的拜訪遊覽等方式，在既有的空間秩序上，營造出另一種空間型態。因此什麼樣的場景與特色，才能被納入風景名勝的行列中？這樣的選擇操縱在少數人的手裡。一個「景」的形成，「意味著一群社會團體視『風景』本身為一種社會文化的象徵資源」〔註37〕。進一步來說，「景」和「非景」的選擇，包裹著殖民者形塑臺灣對外形象的某些企圖。

　　日本殖民統治時期出版許多介紹臺灣觀光旅遊的指南書，其中規劃的行程雖略有不同，但是參觀的景點幾乎大同小異。表 1-3-1 將這些觀光指南書中推薦的景點與其特色，加以整理。我們可以將日本殖民統治時期臺灣著名觀光景點的特色作簡單分類，大致可分為港口、歷史、政治、商業、植物、產物、民俗、新建設、原住民部落、溫泉等項目。

表 1-3-1　日本殖民統治時期臺灣著觀光景點

景　點　名		特　色　簡　述	類　　型
臺北州	基隆港	為臺灣島北面之鎖鑰，外內地、支那、南洋；內接鐵路縱貫線與宜蘭縣起點	港口
	クルベー濱	清朝古戰場，後為海水浴場	歷史、休閒
	旭ケ岡	臺灣八景之一，清時舊砲臺	八景、歷史

〔註36〕林開世，〈風景的形成和文明的建立：十七世紀宜蘭的個案〉，《臺灣人類學刊》第一卷第二期，2003 年 12 月，頁 6～13。
〔註37〕同上註，頁 6～13。

臺北州	澳底御遺跡地	近衛施團長北白川宮能久親王登陸臺灣之地	歷史
	金瓜石礦山	金礦產地	礦產
	臺北市區	爲政治及商業貿易之中心	政治、商業
	總督府	殖民政府行政中心	政治
	臺北公園	相對於舊有的圓山公園所建之新公園，內含博物館、音樂堂、噴水設備等	歷史、新建設
	植物園	種植島內及國外植物，建功神社亦在其中	植物
	博物館	大正四年完工，紀念兒玉源太郎與後藤新平之殖民事業，館內分爲歷史、原住民、動物、植物、南洋及礦物等五部分。	歷史
	商品陳列館	位於植物園中央，爲大正五年臺灣共進會附屬館，主要陳列臺灣主產物與其他南洋、內地之參考品。	產物
	建功神社	本社紀念日本領臺以來，對臺灣島統治方面有功者	歷史
	中央研究所	內有林業部、農業部、工業部、衛生部及庶務課等部門，對其相關產業作綜合調查研究	產物
	專賣局	此局爲島內專賣事業的推行而建，專賣種類有食鹽、樟腦、阿片、煙草、酒等五項。專賣局附近即散佈有樟腦、阿片、煙草、酒等工廠。	產物
	龍山寺	本島人的信仰所在	民俗
	西門町市場	由臺北市管理，規模頗大且衛生管理佳，賣墊主要販賣和洋雜貨、料理、蔬菜等	商業
	大橋鐵橋	爲大稻埕與新莊間的縱貫道路，橫渡淡水河	新建設
	圓山公園	此爲臺北市附近唯一遊覽地，內有忠魂堂供奉北白川宮與陸軍將卒，另設有動物園。	歷史
	臺灣神社	臺灣唯一的官幣大社，供奉北白川宮與開拓三神（大國主命、大巳貴命、少彥名命）	歷史
	劍潭山	內有劍潭寺，供奉觀音像	民俗
	北投草山	爲著名的溫泉鄉	溫泉
	芝山巖	臺灣國語教育的發源地，內有六先生紀念碑	歷史
	新店碧潭	新店爲臺北鐵道的終點，爲原住民地區交通之咽喉	原住民部落
	烏來	爲一溫泉地，此地可充分參訪蕃情	溫泉、原住民部落

	淡水港	爲臺灣八景之一，爲舊時的貿易港，附近有西班牙人建之紅毛城遺跡，沿河岸有本島人之市街	歷史
	板橋林家庭園	臺灣建築的佳作	民俗
	宜蘭街、羅東街	宜蘭街爲宜蘭地區的貨物集散中心，而羅東街爲通往原住民部落之要道	商業、原住民部落
	礁溪溫泉	溫泉地	溫泉
	蘇澳	東臺灣爲一港灣，附近山地產大理石	港口、礦產
新竹州	桃園街	四周臺地產茶，占全島產量的七成	產物
	大溪街	是前往角板山原住民部落的通道	原住民部落
	角板山	爲視察原住民部落狀況的絕佳地點，內設蕃童教育所	原住民部落
	平鎮	擁有茶樹栽培試驗場和本島唯一紅茶製造所	產物
	新竹市	爲北臺灣首屈一指的大市街，市區內現代化建設完備，商業興盛	商業、新建設
	獅頭山	爲臺灣十二勝之一	臺灣十二勝
	五指山	爲臺灣十二勝之一	臺灣十二勝
	苗栗街	爲後龍港的貨物集散地，苗栗盛產柿與西瓜	產物
	出礦坑石油坑	石油產地	礦產
	バロン鐵線橋	進入原住民居住區的路徑	原住民部落
臺中州	臺中市區	爲中部的大都會，現代化建設完備，商業興盛，附近平野爲臺灣主要米產地和芭蕉市場	商業、新建設、產物
	彰化街	明治 28 年近衛軍曾攻略此地。附近爲著名的米產地，糖業興盛	歷史、產物
	八卦山	臺灣十二勝之一，山上有北白川宮殿下御遺跡紀念碑	臺灣十二勝、歷史
	鹿港街	昔日有一府二鹿三艋舺之美名，附近製鹽業興盛	產物
	豐原街	臺灣全島著名苧麻與黃麻產地，擁有臺灣唯一的製麻會社，也是中臺灣米的集散地	產物
	八仙山	有原住民居住，入山可見高山植物分佈	原住民部落、植物
	大甲街	大甲帽、大甲蓆著名	產物
	員林街	柑橘、芭蕉爲特產	產物
	南投街	爲附近農產品之集散地	產物
	埔里街	自古爲原住民的居住地而著名，產木材、樟腦，此處有臺灣製糖會社埔里工廠	產物
	日月潭	本島第一湖水，湖岸石印部落的原住民杵歌著名	原住民部落
	霧社	有原住民部落，設有蕃人公學校、警察分室，昭和 5 年發生霧社事件，後見平息爲一和平之地	原住民部落

臺南州	新高山	臺灣八景的「別格」，有「靈峰」之稱	臺灣八景、植物
	次高山	皇太子賜名	歷史、植物
	斗六街	附近有大日本製糖會社斗六製糖所	產物
	嘉義市區	臺灣少數都會區之一，內地人多，市街繁華	商業
	北回歸線標	位於嘉義	紀念物
	阿里山	臺灣八景之一，林業興盛	臺灣八景、產物、植物
	北港街	商業興盛，市街中央有祭祀天上聖母的朝天宮，附近也大日本製糖會社北港製糖所	商業、民俗、產業
	關子嶺溫泉	溫泉地	溫泉
	虎頭埤	臺灣十二勝之一	臺灣十二勝
	臺南市區	臺灣南部的大都會，為全島第一的舊都	商業、新建築
	北白川宮御遺跡地	北白川宮在攻略臺灣的過程中，不幸染上疾病，在此過世	歷史
	安平港	為一歷史港灣	歷史、港口
	高雄港	臺灣第一大工業地	商業、工業
	壽山	臺灣八景之一，皇太子至此遊覽，並賜名	臺灣八景、歷史
	鳳山街	盛產甘蔗，鳳梨更是堪稱全臺第一	產物
	下淡水溪鐵橋	花費一百三十萬日圓，耗時三年的大工程，全長五千七呎，比內地最長的阿賀川鐵橋還要長，堪稱東洋第一	新建設
	屏東街	屏東地區貨物集散地	產物
	東港街	漁業市場	商業、產物
	恆春庄	臺灣最南的市街，附近有熱帶植物試驗場	產物
	四重溪溫泉	溫泉地	溫泉
	鵝鑾鼻	臺灣八景之一，殖民地國最南端的燈塔	臺灣八景
花蓮港廳	花蓮港廳	花蓮地區貨物集散地	產物
	玉里	有鐵路通往花蓮和臺東，為當地的中心市場	產物
	太魯閣峽	臺灣八景之一	臺灣八景
	官營移民村	純日本村移民成功的範例	政治
臺東廳	臺東廳	設有製糖工廠	產物
	紅頭嶼	原住民居住地	原住民部落

※資料來源：田中一二，《臺灣年鑑（昭和七年度版）》，（臺北：臺灣通信社，1931），頁34～56；始政四十週年紀念臺灣博覽會，《臺灣の旅》，（臺北：始政四十週年紀念臺灣博覽會協贊會，1935），頁34～51。

　　先由分類項目作說明，除了歷史、民俗與原住民部落三項，較有觸及人文層面，其餘不是屬於殖民政府的新興建設（包含制度、建築、商業行為等），就是臺灣特產的相關產業。再看歷史的部分，屬於該項目的景點，多記載了與日本殖民過程相關的事蹟，例如與北白川宮相關的景點，就幾乎占所有歷史類景點的一半。而民俗的部分，主要納入與漢人習俗相關的景點，四項民俗類型景點中，就有三項著重在漢人傳統信仰的介紹，另一項是板橋林家花園，目的在參觀漢人傳統庭園建築。因此民俗類型的景點會被提出的理由，在於漢人傳統建築的趣味，不管是廟宇或是民宅，都與內地相差甚遠，往往是內地遊客可輕易察覺到的臺灣特色，而廟宇建築與民宅也成為日籍畫家筆下的地方色彩素材。〔註 38〕最後是原住民的部分，這類景點多著重在呈現被「馴化」原住民形象的成效，例如角板山的蕃童教育所，或是被商業化的日月潭杵歌都是。

　　綜合以上討論，我們回過頭來討論這些被挑選出來的名勝，所代表的整體意義為何？先前提到風景的產生，並非僅是因為具有風光明媚的地理條件，其背後往往牽涉到多重的權力關係。以比重來看，這些名勝多半與日本殖民者有關。被選擇的景點為殖民官方訴說了攻略臺灣的艱辛，展現了殖民政府的種種現代化建設。至商業繁盛的街市參觀，感受到殖民地經濟的蓬勃發展，各式農作產地的遊覽，標示著殖民地豐厚的生產力。殖民官方的功勞與苦處，都隱含在各風景名勝中，明言或暗示著參觀的民眾。

　　就被殖民者的部分，漢人與原住民被提出的部分有所不同。漢人傳統文化發展出來的建築特色與民間信仰，是殖民者所好奇也願意對外分享的，其代表與內地文化的相異，這樣的差異滿足了內地遊客對異國情調追求的渴望。而原住民雖然也是營造異國情調的來源之一，但是在殖民官方的經營下，遊覽中的原住民形象是屬於非自主性的，想像中的兇殘特質也消失殆盡，取而代之的是馴化後的原住民樣貌。教育現場與商業化的杵歌表演，都標示著形象兇殘的原住民納入殖民統治的範疇下，為了彰顯馴化的成效，利用教育與歌舞的型態表現，努力為原住民去野蠻化。而這種去野蠻化的過程，從表面上看來，原住民似乎有脫離野蠻形象的跡象，但是從另一個角度觀察，這卻代表著原住民落入另一種野蠻想像當中，因唯有野蠻才需要被教化，教育現場的參觀，無疑是增強殖民者的文化傳播決心，深化原住民野蠻的特質；

〔註38〕此一問題，會在第四章作深入的探討。

杵歌表演，滿足內地人對異文化的想像，繪葉書中兇狠的原住民，如今在眼前唱歌舞蹈，表示殖民官方征服野蠻有成，野蠻特性仍舊與原住民劃上等號。

「景」和「非景」的選擇權，操縱在少數殖民官方人士手中，這些人決定了什麼可被看，什麼必須隱匿。最顯而易見的例子，就是由《臺灣日日新報》主辦的臺灣新八景票選活動，這次活動雖明言希望全島民眾共同參與，但是在相關利益的驅使下，讓民眾票選的結果充滿官方操作色彩，再加上審查委員的官方組成背景與其強大的選拔權力，讓最後入選的景點充滿了政治操作的痕跡。〔註39〕臺灣新八景的選出，最直接影響到的就是觀光，這些精心挑選過的景點，被明確的標示為值得遊覽的地點。觀光指南將其前往方式與參觀特色，都詳加介紹，讓旅客容易親近這些被賦予重任的名勝（見表1-3-2）。〔註40〕八景中被看到的是開臺的艱辛、殖民者的崇高地位、殖民地的生氣蓬勃、被馴化的原住民部落情景等，被隱匿的是臺灣人民在這些看似美好景致背後勞苦的一面。風光明媚的景色與殖民功績，共同打造出臺灣樂土。

表 1-3-2　臺灣八景與十二勝

類　別	名　　　稱	參　觀　特　色	名　　　稱	參　觀　特　色
別格	臺灣神社	神社	新高山	山
八景	基隆旭ケ港	丘上展望	阿里山	森林
	淡水	山、水	壽山	山上展望
	八仙山	森林	鵝鑾鼻	極南之地
	日月潭	湖、原住民部落	太魯閣峽	峽谷美
十二勝	草山北投	溫泉	八卦山	山上展望
	新店碧潭	湖	霧社	原住民部落
	大溪	川	虎頭埤	池
	角板山	原住民部落	旗山	山川
	五指山	山	大里簡	海岸
	獅頭山	寺	太平山	森林

※資料來源：陳石煌，《樂園臺灣の姿》，（臺北：麗島出版社，1936），頁79。

〔註39〕 本文第四章，會將更詳細地討論臺灣新八景票選活動的相關議題。另外，宋南萱也已臺灣八景為主題寫成論文，可供參考。宋南萱，《臺灣八景從清代到日據時期的轉變》，中央大學藝術學研究所碩士論文，1999年。

〔註40〕 陳石煌，《樂園臺灣の姿》，（臺北：麗島出版社，1936），頁79～89。

在瞭解臺灣風景名勝所代表的意涵後，將進一步分析這些景點透過觀光行程規劃，重新排列組合後所呈現的臺灣形象。下文以日本殖民統治時期臺灣史上所舉辦最大的博覽會——始政四十周年紀念臺灣博覽會作爲分析的主軸。本次博覽會相當重視宣傳，利用各式繪葉書、信封、宣傳單與小冊子，塑造臺灣進步繁榮的整體印象，其中小冊子部分，包含了介紹臺灣風土民情的旅遊觀光指南。〔註41〕在向世界展現治臺四十年成績的前提下，殖民官方所設計的臺灣觀光行程，透露出日本殖民帝國希望藉由這一連串的行程規劃，傳達給來臺觀光的人們何種臺灣形象？

在始政四十週年紀念臺灣博覽會前，主辦單位出版了一本關於臺灣旅遊介紹的小冊子——《臺灣之旅（臺灣の旅）》，規劃了五天、七天、九天、十二天與十四天等五種長短不同的遊臺行程，供內地遊客選擇，而且還貼心的將花費預先做計算，讓民眾參考。〔註42〕

五天的行程規劃，可能因爲考慮時間的問題，主要活動的範圍都屬於都會地區。首先由基隆入港，到臺北做短暫的休息與參觀後，直接轉往高雄，再一路往上走。從安排的參觀地點來看，在基隆登上臺灣八景之一的旭ケ丘，從山頂可以俯瞰基隆港全景，船隻進港、出港，伴著連綿的山勢，感受這山姿水容的雄大絕雅，山頂上還有清人與荷蘭人留下的遺跡可參觀。到了臺北，先前往臺灣神社參拜，提醒著人們北白川能久的功績偉大，往後到臺南與臺中，也安排了參拜神社的行程。短短五天的行程中，就有三天安排前往神社參拜，似乎無時無刻提醒著旅臺的內地遊客，北白川能久爲臺灣殖民地治理奠基的功勳。除了參觀神社，也參觀各種熱帶農作的工廠，和一些漢人建築，真正參觀博覽會的時間，反而並不多。

五天的行程中，旅客們不只感受到臺灣的熱帶氣候，觀賞到熱帶產業和漢人特色建築，也滿足了心中身爲殖民者的驕傲。神社與工廠的搭配，一方在誇耀自我的治績，另一方面讓實質、帶有掠奪性的工業行爲，披上一層神聖的外衣。就參觀的神社而言，臺灣神社、臺南神社與臺中神社，基本是屬於相同性質，以北白川能久爲主祀者，表彰其爲拓臺而犧牲生命，換取殖民地現在進步開發的精神。與此三者較爲不同的是開山神社，開山神社內雖供

〔註41〕程佳惠，《臺灣史上第一大博覽會：1935年魅力臺灣SHOW》，（臺北：遠流，2004），頁42。

〔註42〕始政四十週年記念臺灣博覽會，《臺灣の旅》，（臺北：始政四十週年記念臺灣博覽會，1935），頁3～13。

奉鄭成功，但同屬於拓臺使者的性質，因此有增強開拓精神的效果。工廠的參訪則是為體現了殖民臺灣的成果，一個個繁忙的工廠或蔬果交易市場，除了代表臺灣島的商業興盛、物產豐隆之外，更為當初耗時耗力的領臺行動背書。透過民眾的參拜神社的儀式，與參觀工廠的活動，神社與工廠組合，合理化所有的掠奪行為。

七日的行程，多加了新竹、番子田、屏東等地，參觀的景點性質，除了之前提到的，還加入了原住民住屋參觀的部分。九天的行程，民眾可登上阿里山，體驗臺灣高山的壯闊。阿里山上鬱鬱蒼蒼的森林，四周高山環繞，有種神秘與原始感。而登上壽山，俯瞰高雄市全景，遠方是遼闊的嘉南平原，感受到臺灣的田園景致。十二天的行程，增加了溫泉景點，也增加了對原住民的觀看。十四天的行程，與十二天的安排大同小異，較為不同的地方在於，最後幾天轉往東部探索。

以上重新組合臺灣觀光景點的行程規劃，多挑選臺灣西部的景點遊覽，一方面是交通便捷，較適合一般民眾旅遊，另一方面西部的開發較為完整，容易顯現出總督府治理的績效。在五天的行程安排中，都市、工業生產與神社，作了巧妙的搭配。讓遊客在短時間之內，可以強烈的感受到臺灣的進步與繁華，並利用神社參觀的行程，強調殖民地與殖民母國間的關係。之後，七天到十四天的行程，遊客們可進一步體驗到臺灣「野蠻」的一面，但是這些「野蠻」已被馴化。原本兇殘的原住民與神秘的高山，在經過教化與開發後，變得讓人容易親近，原住民成為殖民官方不畏艱難、積極文明化臺灣的最佳佐證。

如果照著行程安排來走，總督府精心規劃的「始政四十週年記念博覽會」，反而變得不是那麼重要，參觀博覽會的時間被壓縮得非常短暫。因此可以推論，行程設計者的目的，並不是要向遊客推銷博覽會，而是藉著博覽會之名，讓內地遊客確實也看到殖民地臺灣的進步。對形象原始的原住民，也藉由參觀「蕃童教育所」，瞭解殖民者對開化原住民的用心。不如西部開發完全的東部，也似乎在殖民者顯要治績的效率考量下，擺在最後順位。重新挑選的臺灣形象，表現出與殖民母國的密切關係，更凸顯殖民官方治理有成，欣欣向榮的景象。

觀光取材下的臺灣基本上是分裂的，殖民者希望被看到的臺灣呈現何種面貌，就挑選相關景點納入行程中，被觀看的臺灣是沒有自主性的。在觀光特色取向上，臺灣被分割成四塊，以臺北為首的北臺灣為文化臺灣，中臺灣

則爲產業臺灣，南臺灣爲熱帶臺灣，最後東臺灣爲開拓初期的臺灣。〔註43〕
東臺灣在交通相對於西部的不便性，與開拓程度不足以彰顯治績的多重考量
下，開拓初期的臺灣形象被置於觀光行程中較後的順位。也因此，文化臺灣、
產業臺灣、熱帶臺灣是遊臺行程中最先接收到的形象訊息。

　　在結束觀光臺灣形象討論的最後，筆者想再提一項值得討論的議題，就
是「臺灣館」。博覽會基本上以主題館型式作爲展覽空間的設計，「臺灣館」
即爲日本殖民統治時期臺灣在島外展出的型式。「臺灣館」通常以漢人傳統閩
式建築爲設計主體，館中主要擺放與漢人風土民情相關的物品或設施，如惜
字亭模型、喫茶店、臺灣料理店、賣店等等，雖然也有原住民物品擺設，但
占少數。關於「臺灣館」的種種已有前人研究過，〔註44〕不需再多言。筆者
在此想問一個前人未討論過的想法，爲何「臺灣館」的設計型態要著重漢人
文化的傳達？如果爲彰顯自我文明程度或營造異國情調以吸引觀眾目光，原
住民似乎是更爲恰當的題材。

　　明治維新後的日本，面對歐美國家文明化的衝擊，爲積極趕上西方國家
的進步程度，以「文明開化」的口號，隱蔽仿效歐美國家而自我殖民化的事
實。明治 7 年（1874 年）福澤諭吉在《文明論》裡，將「文明開化」的相對
概念作以下的說明：

> 今日，如果談論世界的文明，以歐洲諸國與美利堅合眾國爲最上等
> 的文明國，土耳其、支那、日本等亞細亞諸國，稱爲半開國，非洲
> 及澳大利亞等，則視爲野蠻國，這個名稱爲世界通論。〔註45〕

福澤諭吉將世界分爲「文明」、「半開」、「野蠻」三類，並視此爲人類所當經
歷的三階段。此三者間爲相對關係，如果直接將「文明」與「野蠻」相比，
少了進化的意味，但是將「半開」安插在其中做爲觸媒的機能，就強化了進
化的步驟。「半開」作爲「文明」的他者之鏡，以此爲基準映照著自我形象，
「野蠻」亦以此關係之於「半開」而存在。先前提到明治維新後的日本藉由

〔註43〕臺灣總督府交通局鐵道部編纂，《臺灣觀光產業事情》，（臺北：臺灣總督府交
　　　　通局鐵道部，1939），頁 3。

〔註44〕例如程佳惠，《1935 年臺灣博覽會之研究》，中央大學歷史所碩士論文，2000；
　　　　呂紹理，〈展示臺灣：一九〇三年大阪內國勸業博覽會臺灣館之研究〉，《臺灣
　　　　史研究》第九卷第二期，2002 年 12，頁 103～144；劉融，《日治時期臺灣參
　　　　展島外博覽會之研究》，暨南國際大學歷史所碩士論文，2002 等人的文章，均
　　　　對「臺灣館」議題做過相關研究。

〔註45〕小森洋一，《ポストコルニアル》，（東京：岩波書店，2001），頁 16。

「文明開化」，試圖達到文明的境界，但是這樣的自我欺瞞，在面對環繞國外與國內的眞正文明大國和傳教人員的檢視時，身爲「半開」階段的日本，不時會因爲擔心自我文明化程度的多寡，而產生不安之情。但是當領有臺灣這塊相對於自身，並存著文明進程之「半開」與「野蠻」階段的殖民地時，剛才提到的不安之情，便從記憶中遺忘、消失。

在日本殖民統治下的臺灣，漢人就是那面「半開」之鏡，原住民則屬「野蠻」的等級，再以此觀念說明殖民官方操作漢人與原住民形象的手法。對於未到過臺灣的內地人而言，因其周遭有處於「半開」狀態的殖民地，如朝鮮，因此相對這些「半開」地，作爲臺灣特產的原住民，顯然處於相對「野蠻」的地位，加上殖民臺灣的艱難過程，讓臺灣冠上神秘難以統治的刻板印象。因此在臺的殖民官方，利用繪葉書或其他管道，向內地輸入臺灣原住民的野蠻形象，而內地民眾也在「文明開化」的熱潮下，接受了可映照自我進化的野蠻臺灣。這種情形到了爲凸顯殖民官方治理有成的博覽會時，發生了轉變。殖民政府爲強調臺灣經過多項政策與建設的推行，讓原本處於「野蠻」狀態下的臺灣，進化到現在「半開」的階段，因此漢人就成爲官方運用的素材。而展示中除了將閩式建築作爲「臺灣館」的外型主體，更加入了漢人傳統信仰文化，讓展場不僅傳達了進化的成果，更饒富異國趣味，增加展覽的可看性。

二、內地人的臺灣觀

從領臺初期，殖民政府就開始向內地宣傳對臺灣的治理成效，以進一步希望堅定內地對臺灣殖民的信心，明治 36 年（1903 年）在大阪市天王寺所舉行的第五回內國勸業博覽會就是一例，本次博覽會的重點在於展現日本帝國的富庶與強盛，而此博覽會共吸引了 435 萬人次進場參觀。本次博覽會之於本論文的關係，在於臺灣館的設立。當時內地人普遍以爲臺灣是充滿恐怖原住民的蠻荒之地，殖民政府希望藉此機會，讓一般百姓瞭解臺灣的眞面目。〔註46〕

臺灣館的主體建築樣式與展覽內容就如前文所說，著重於漢人文化的部分。其實博覽會中也有臺灣原住民文化的展出，但是並非放置在臺灣館中，而是在教育學術館，與北海道愛奴人、中國、印度、爪哇、非洲土著等一起

〔註46〕呂紹理，〈展示臺灣：一九〇三年大阪內國勸業博覽會臺灣館之研究〉，頁113。

展示，用意在將世界「落後民族」集結，凸顯日本的文明化，而臺灣館本身則以漢人傳統為主軸。縱使原住民文化也是臺灣的一部份，但是在殖民官方強調治績的思考下，被抽出臺灣整體形象之外。

　　臺灣館原本在展示的部分，包含了吸食鴉片、女子纏足與乩童信仰等風俗照片與介紹，但卻在總督府認為內容有損臺灣治績的理由下，被迫抽出。可見殖民政府所希望營造出來的臺灣形象，是富有異國情調的臺灣樂土。但是就參觀的民眾而言，館內牆上掛著表現臺灣多土匪與原住民形象的漢蕃風俗圖，才是他們注意的焦點。可見內地民眾並沒有因為臺灣館，而改變對臺灣的野蠻想像。〔註47〕

　　既然無法透過博覽會的形式讓臺灣形象轉型，那麼讓內地人親自來臺觀光，真實體驗臺灣的進步，並以口耳相傳或文章心得刊載的方式，傳達臺灣樂土，或許是另一種可行的方式。以下將探討透過來臺遊覽的內地人之宣揚，探討一般普遍存在的臺灣形象偏見是否有所改變？

> 我們日本人一聽到八丈島，便立刻連想到曾被放逐於此地的源為朝，聽到鬼界ケ島，便直接想到曾流放至此地的俊寬，同樣地聽到臺灣，便不由得連想到石川欽一郎。石川君到臺灣也已經有八年了。石川君每年都一定利用七八兩個月暑假時間回到東京。值此之際我都會聽他暢談臺灣的風情，也看到他瀟灑的筆致所描繪的臺灣風景畫。因此之故，我每年都想一定要去臺灣看看，但只是答應要去，腳步卻好像很沈重，愈來愈沒有出發的勇氣。誠如諸位讀者所知，臺灣是有黑死病、霍亂、生蕃、土匪等令人恐懼至極的地方，任我如何的蠻勇，也會感到遲疑啊！〔註48〕

水彩畫家石川欽一郎的好友三宅克己在〈臺灣旅行的感想〉一文中提到未到臺灣之前，對臺灣的印象，這也是一般普遍存在於內地人心中的臺灣形象。三宅雖然對日籍畫家石川欽一郎描繪下的臺灣著迷，卻因為普遍對臺灣的刻板印象，而裹足不前，並且用「任我如何的蠻勇，也會感到遲疑」的強烈字眼，強調對臺灣的恐懼感。但是有趣的是，明治41年（1908年）石川欽一郎才在報紙上大聲疾呼，為了要讓內地人知道「日本第一」的臺灣風景，因此

〔註47〕同上註，頁126。
〔註48〕三宅克己，〈臺灣旅行感想〉，《みづゑ》第一百一十號，1914年4月；翻譯見顏娟英，《風景心境》，頁59。

希望同好捨棄既有的繪葉書，自行創作。〔註 49〕這樣張張富有深厚意涵的臺灣風景繪畫，加上石川欽一郎生動的描述，的確讓好友三宅克己心生嚮往。但是在人們的心中，臺灣仍是處於未開化的蠻荒程度。在處處充滿危險的認知下，不只是三宅克己，我想大部分的內地人，儘管被石川欽一郎恬靜的畫面所吸引，也很難拋開瘧疾、生蕃、毒蛇等恐怖印象。

大正 3 年（1914 年），三宅克己克服了自我的恐懼，踏上前往臺灣的旅程。一下船，映入眼簾的，就是不比橫濱或神戶遜色的郵局建築，與沿街排列整齊的磚瓦房，接著是竹林、紅瓦農家、芭蕉與水牛等臺灣專屬的景致。旅程中，三宅也到了陽光普照、色彩鮮明的南部地區，這一切都激發了畫家作畫的慾望。〔註 50〕在三宅克己之後留下的文字中，沒有提到恐怖的疾病，更沒有碰到以為隨處可見的原住民。三宅克己對臺灣留下美好的印象。

像三宅克己這樣，克服對臺灣的恐怖印象，來臺旅遊的內地人越來越多。殖民政府也為推動臺灣觀光做了許多努力，大正 6 年（1917 年）邀請內地畫家石川寅治來臺作畫就是其中一項。殖民政府希望透過繪畫的方式，將臺灣介紹給日本內地，因此擬定三項作畫的重點，分別是未經人工化的自然、本島人的生活形態、正遭到破壞消失的歷史文物，如廟宇建築等，並希望石川寅治將作畫的重點放在第二、三項。〔註 51〕我們發覺在這三個選項當中，原住民是被排除在外的，而殖民政府又希望將重點放在漢人傳統的部分，因此強調進化的意味相當濃厚。而畫者石川寅治更將自我對臺灣印象轉變的心得發表，希望藉此破除內地人的迷思：

> 當初剛治領臺灣時，衛生等種種設施不足的緣故，有很多人感染惡疾而死，但是今天衛生、教育等各項設施都相當整備，臺灣等地比在日本內地的都會條件更為有趣，因此流行病等比內地更少，可說幾乎沒有。此外，蕃人等最近已深入山中，絕對沒有出現於村落危害人的事件。因此，日本人移居臺灣也呈現每年增加的現象。日本人去臺灣也不會覺得不安全或不方便。尤其作為冬季的避寒旅行地是極為適當而愉快的地方，希望今後日本人更加踴躍地渡臺居住。〔註 52〕

〔註 49〕石川欽一郎，〈水彩畫與臺灣風景〉，《臺灣日日新報》，1908 年 1 月 23 日第 4 版；翻譯見顏娟英，《風景心境》，頁 30～31。

〔註 50〕三宅克己，〈臺灣旅行感想〉，頁 59～61。

〔註 51〕蜂谷生，〈繪畫旅行通信〉，《臺灣日日新報》，1917 年 3 月 8 日第 4 版；翻譯見顏娟英，《風景心境》，頁 67～69。

〔註 52〕石川寅治，〈洋畫家所見的臺灣〉，《臺灣日日新報》，1917 年 4 月 15 日第 1

他將之前一般人對臺灣的誤解，一一作簡要的說明，積極地導正內地人的臺灣觀，並希望透過這次的行動，讓內地人多瞭解臺灣，進而親自踏上臺灣這塊土地遊覽、居住。政府與畫家們的努力有成效嗎？

以下這一段引文，可以為這些努力打成績：

> 領有臺灣以來已經三十餘年了……偶爾談起臺灣的話題，不是炎熱酷暑之地，就是有瘧疾、毒蛇棲息的地方。一不留神的話，說不定就會被生蕃取走頭顱。被認為是風土病和傳染病盛行，叢蒙未開之地。〔註53〕

日本帝國已經殖民臺灣三十餘年了，但是未到過臺灣的內地人對臺灣的印象，仍是停留在「未開化」的狀態。甚至來到臺灣的內地人，每次吃飯前，一定要服用藥物才安心。〔註54〕由此可見，政府與畫家的努力得到的成果不如預期。

昭和10年（1935年），殖民政府為慶祝領臺四十年，舉辦「始政四十週年記念臺灣博覽會」。殖民政府為藉這次機會向來臺旅客展現對臺灣的治績，同時向內地推展臺灣觀光，花了不少功夫在宣傳上，印製了許多相關的小冊子，供民眾參考。藤山雷太也在這股旅臺風潮中，來臺觀光。昭和11年（1936年）將此次的遊記出版，文中談到關於這次博覽會的觀光號召力：

> 臺灣在各種事業興起後，與內地的往來漸頻繁，特別是趁著始政四十年博覽會的機會來臺旅遊的人也不少。雖然近來我國民對臺灣的認識程度漸深，但是談到臺灣，仍是與瘟疫、瘧疾、生蕃聯想在一起，內地人雖然可以輕易到臺灣旅行，但是真正往來者卻很少，對此感到遺憾。〔註55〕

看來這次的博覽會對於臺灣形象的扭轉，雖有一定程度的效果，但是其成果卻未如殖民者所預期的廣泛，而深植內地人心，臺灣依舊披負著「野蠻」的一層面紗。

本章討論的臺灣形象在殖民政府的操作下，呈現出進步而又帶有一絲原始的味道。先前對臺灣的調查報告，僅作為對制訂適合臺灣律令的參考，在對外宣傳這方面，則一毫無用武之地。而這些調查報告的發行量相當少，一

版：翻譯見顏娟英，《風景心境》，頁70～71。

〔註53〕川村竹治，《臺灣の一年》，頁12。

〔註54〕同上註，頁12。

〔註55〕藤山雷太，《臺灣遊記》，頁160～161。

般民眾不易取得，且內容偏向學術研究，非學有專精者，不易閱讀。因此導致眾多臺灣風俗的調查報告，也抵不上一張繪葉書上的圖片的情形發生，臺灣形象只好任由殖民政府，有目的性的操弄。

　　吸引日本內地人士至臺灣參觀，其實是導正臺灣形象的好方法，但是為何臺灣形象在經過如此多內地人的來訪後，仍與實際狀態間有著相當大的差距？川村竹治提到在對內地宣傳臺灣時，一般宣傳者將臺灣與內地類似的事物全部消除，僅著重在彼此間些許不同的部分。〔註56〕譬如原住民宣傳的部分，分為「平地蕃」與「高地蕃」，「平地蕃」以從事農耕為生，與漢人相似，性格乖順勤勉，〔註57〕但是宣傳臺灣者避重就輕，放大處理高地蕃的部分習俗內容，使內地人產生誤解，為了就是讓臺灣一直保有其野蠻特性，使日本內地燃起的這股「白人的負擔」思潮，能延續下去。也因為如此，在內地人們不願確實地理解真實的臺灣，僅挑選自己想接收的部分吸收的狀態下，就算殖民官方積極地利用旅遊或博覽會等機會，抽取其建設與漢人傳統文化，強力推銷臺灣文明開化的一面，卻仍無法有效的翻轉內地人對臺灣的刻板印象。

〔註56〕川村竹治，《臺灣の一年》，頁12。
〔註57〕同上註，頁30。

第二章　殖民教育下的臺灣形象

　　教育，是殖民官方者傳達其統治手段最佳的方式之一。新式教育在日本扎根始於明治 4 年（1871 年）設立的文部省，將以往雜亂的教育制度重新整理，改而施行統一全國的教育行政，並在隔年 5 月頒佈「學制」，將全國分為八大學區，廣設小學，並藉由國家的公權力，強迫孩童就學，教育費由民眾自行負擔。學費由民眾負擔的規定，的確造成許多農民的不滿，進而發生反對學制的暴動事件，但是將廣施教育的理念，也讓明治政府灑下往後西化的種子。在「學制」頒佈的同時，還公告了「學制指示書」，「指示書」中除了強調教育的重要，同時配合「殖產興業」的概念，著重學問與實際運用的部分，批評過往流於背誦文學詞句的弊病。

　　「學制」廣開教育權，促進了社會階層間的流動，當時學校的教科書都採用翻譯的外國書籍或是倡導西學為用宗旨的著作，如福澤諭吉的《勸學》等。激進的西化與強硬的態度，讓「學制」在地方實際推行上時遇到困難。明治 12 年（1879 年）9 月公布的「教育令」修正了僵硬的教育行政，學費部分也改由府縣會和町村會支付。之後又制訂了「改正教育令」，強調國家在教育中扮演的角色，明治 23 年（1890 年）頒佈的「教育敕令」，直接將教育與效忠天皇的概念結合，調和了反對西化主義的聲音，也確立了國家政策主導教育的近代化走向。

　　教育對於集權國家來說，一直都是一把雙刃劍，有利的部分是將全民認知程度提升，讓國家往下一個里程碑邁進時能夠容易些；矛盾的是，均等的受教機會等於開了一扇通往智慧與世界的大門，人們很有可能因此成為反動國家集權政治的因子。為了要維持差異化統治，又要與當地人方便溝通，當

時各強權國家面對殖民地都有自己一套教育方式，日本也不例外。

　　日本對臺灣教育的著重比起當時各國的殖民教育理念，屬於較為特殊的作法。當時的學務長伊澤修二抱持「同化」的想法進行臺灣教育的推動，希望有一天能透過教育將效忠天皇的皇化思想內化於臺灣，進而將臺灣納入日本大和意識的一部分。於是設置了國語傳習所，培養翻譯人員，又設立國語學校，培養初等教育師資。但是臺灣教育的舞臺上不是只有伊澤修二，對「同化」的解釋也不是只有將臺灣人同化為日本人，一視同仁的對待的方向。帶有強烈社會進化主義的後藤新平則將「同化」解釋為在文明進程上落後的臺灣人，同化於文明生活的取向。在這個概念下，「同化」等於帶有天生的差異性，以施教與受教者的角色分配，日本在殖民教育上佔有先天的優勢，作為知識的傳播者，日本人與臺灣人在立足點上就已有高下之分。後藤新平的教育概念，深刻地影響著臺灣往後在日本殖民時期的教育走向。

　　本節欲從教育的方向入手，以學校教科書為分析的主體，探討殖民官方對漢族與原住民學童在不同的教育方式下，對學童灌輸的臺灣形象。並藉此相異的形象建構方式，解讀殖民官方教育臺灣兒童的目的。之後，藉由修學旅行的討論，分析殖民官方落實殖民教育思考模式的企圖。

第一節　臺灣公學校國語讀本中的臺灣形象

　　明治 31 年（1898 年）7 月 28 日，臺灣總督府發佈臺灣公學校令（敕令第 178 號）及臺灣公學校官制（敕令第 179 號），確立臺灣公學校制度。原先以教授本島人國語為目的的國語傳習所與國語學校附屬學校，都於 1898 年改制為公學校，開啟臺灣教育史上新的一頁。

　　公學校教授的科目，經過多次變動，大正 8 年（1919 年）加入地理，大正 11 年（1922 年）出現了日本歷史（1933 年後改稱為「國史」），教授科目至大正 11 年（1922 年）趨於完備，其中修身、國語、算術與體操為固定科目。在教課時數方面，以國語為重，居所有科目之冠（見表 2-1-1）。而國語讀本為了讓學童對語文產生學習興趣，課文內容包羅萬象，涉及的領域範圍相當廣泛。本節欲以授課時數最長、影響學童最深的國語讀本，作為分析的主軸，以瞭解就讀公學校的學童們，在殖民政府教育下，所得到的臺灣形象為何？

表 2-1-1　大正 11 年（1922 年）修業年限 6 年公學校各學年教授時數

	第一學年	第二學年	第三學年	第四學年	第五學年	第六學年
修身	2	2	2	2	2	2
國語	12	14	14	14	10	10
算術	5	5	6	6	4	4
日本歷史					2	2
地理					2	2
理科				1	2	2
圖畫			1	1	1	1
唱歌	3	3	1	1	1	1
體操			2	2	2	2
實科					男 4	男 4
裁縫及家事				女 2	女 5	女 5
漢文	（2）	（2）	（2）	（2）	（2）	（2）
總計	22（24）	24（26）	26（28）	男 27（29） 女 29（31）	男 30（32） 女 31（33）	男 30（32） 女 31（33）

※資料來源：周婉窈、許佩賢，〈臺灣公學校制度、教科和教科書總說〉，《臺灣風物》第
五十三卷第四期，2003 年 12 月，頁 137。

一、國語讀本中的臺灣形象

　　明治 33 年（1900 年）以前，並無統一的國語讀本，直到該年，臺灣總督
府才開始發行統一的讀本，往後經歷四次的修改，一般而言，學者將國語讀
本分以下為五期：

表 2-1-2　國語教科書分期

期　數	初　版　年　份	讀　本　名　稱	卷　數
第一期	明治 34～36 年（1900～1902）	臺灣教科用書國民讀本	卷 1-12
第二期	大正 2～3 年（1913～1914）	公學校用國民讀本	卷 1-12
第三期	大正 12～15 年（1923～1926）	公學校用國語讀本 1930 年以後書名加題「第一種」	卷 1-12
	昭和 5～8 年（1930～1933）	公學校用國語讀本（第二種）	卷 1-12

第四期	昭和 12～17 年（1937～1942）	公學校用國語讀本（第一種）	卷 1-12
第五期	昭和 17 年（1942）	コクゴ／こくご	1-4
	昭和 18～19 年（1943～1944）	初等科國語	1-8

※資料來源：周婉窈、許佩賢，〈臺灣公學校制度、教科和教科書總説〉，頁 139。

　　各期國語讀本的前幾卷，均以兒童周遭的日常生活瑣事或寓言故事，構成課文的主軸。從橫向面觀察，國語讀本的課文多面向論及臺灣，讓學童以不同角度，建構心中的臺灣形象。而從縱向面來看，國語讀本的課文內容雖在各期間略有變動，但是某些課文是不變的，僅作部分改寫。本段先由橫向面解讀國語讀本所涉及的臺灣面貌，以分析殖民官方希冀藉由國語讀本，在學童心中塑造某種臺灣形象的企圖。

　　前文提到各期國語讀本前幾卷，均用兒童生活周遭的瑣事，作為學習語言的主體，而真正明確提及臺灣的，大多在第六或第七卷以後。以第一期國語教科書為例，學童心中建構的臺灣即以日本內地的角度開始。在第八卷第一課的〈日本的地圖〉中，臺灣是順應著北海道、本州、四國、九州而來的島嶼，位於日本帝國最南端；相對於北海道的寒冷天氣，臺灣則富有熱帶氣息。在〈日本的地圖〉中，臺灣是帝國當然的南方領地，但是從臺灣本島的角度看，臺灣必須靠著日本的相對位置來確定自我的方位，必須對照北海道的寒冷，來顯現本島炎熱氣候的特色，因此課文中的臺灣是依附日本內地而生的島嶼。

　　除了地理上的依附，在歷史上也是處於非自主的狀態。在同卷第九課〈臺灣神社〉中，課文談論到臺灣在日本統治之前是蠻荒一片，沒有任何典章制度可言，但是在北白川能久入臺後，導正了所有不好的事物，但卻因此病逝。本課藉由如此對比的手法，在歌頌北白川能久開發臺灣的事蹟的同時，也對學童們注入臺灣野蠻的印象，相對於內地的文明，臺灣處於低一等的地位。孩童對臺灣的認識，從日本的庇蔭下開始，體認殖民政府開拓蠻荒臺灣的苦心，間接神聖化所有官方的統治行為。

　　在學童們接收了日本帝國角度下的臺灣觀點後，緊接著第九卷第八課正式以〈臺灣〉為標題的課文出現了。課文的一開始，即重申臺灣的方位，她是日本帝國西南方的島嶼，藉以重新確定（或說是提醒）帝國的統治權。之後將臺灣的基本地理常識敘述了一遍，其中包括了面積、地形、氣候等，這些代表了殖民者對臺灣的基本認識，並以此教導學童殖民意識中的臺灣。

接著課文又介紹了物產，並解釋因為臺灣屬熱帶氣候的原因，生產許多內地沒有的水果，最後以茶、糖、樟腦等名產作結。從物產介紹的方式中，我們可以發覺又是一次以日本角度標示臺灣的手法，殖民地臺灣存在的價值之一，就是產有許多日本內地沒有的果物，而課文更特別提出殖民作物茶、糖、樟腦為臺灣名產，如此加強了臺灣身為殖民地的從屬地位。

最後課文以介紹臺灣都會區與重要港口作結，兩者都代表著繁榮興盛的意象，而都會的部分僅有臺北提出為臺灣總督府所在地，其他臺南與臺中兩都市，僅說明為熱鬧的都市而已。因此我們可以說一篇簡短的課文中當，包含了兩個層面的從屬關係，一是臺灣從屬於日本帝國，另一個是臺灣總督府座落的臺北城，其地位優於其他城市。這樣的從屬關係，除了地位高下之別外，另包含了親子關係，身為孩子的臺灣，必須依靠著如同父母般的日本殖民母國，才能漸漸茁壯（指多樣的現代化設施），而孩子必須努力（指殖民作物）回饋父母的養育之恩。

在〈臺灣〉一課中，課文順應著殖民官方調查臺灣的科學思維模式，將臺灣的面積、地形、氣候、物產、主要都會區與港口加以介紹，但是除此之外，並無將臺灣特有文化傳統或族群來源標示出來，僅作簡單的地理描述。因此「臺灣」只是個印記著殖民母國影子的地理名詞，而非歷史文化多元的真實臺灣。但有趣的是，在盡是談論地理條件的〈臺灣〉後面，緊接著以論述原住民為主的〈生蕃〉一文，將原住民從各族群中獨立挑出來討論，這個動作明顯將原住民導入「異」的場域。〔註1〕

進入正式課文之前，即在課文提示中，以「沒有智慧，也不知道理，時常砍人家的頭，不知文字」〔註2〕為原住民下定義。而不管是課文內容或是插圖（圖2-1-1），都將原住民置入黥面、獵首、醫療落後等不文明的論述中。畫面中的原住民手持槍枝、黥面，畫面的右方是擺著人頭的棚架，後方是以茅

〔註1〕 原住民被獨立於其他族群之外的論述，還可以由另外一點加以說明。在同卷第十五課〈纏足〉中，課文開頭的第一句話為「在臺灣，女子有纏足的風氣」，短短一句話中，纏足的女子沒有標明身份，僅標明地點「臺灣」，好似臺灣島上的所有女性，都有纏足的習慣，但並非如此。在真實臺灣中，臺灣土地上居住著內地人、漢人、原住民等三大族群，可是在國語教科書的臺灣裡，漢族群是不被特別標明的，這或許與課本的讀者就是漢族群，因此不需特別提出，但是從反方向思考，不被提及的漢族群，僅以對照文明的日本人與異化原住民來取得自己的位置。

〔註2〕 〈生蕃〉，第一期《公學校國語教科書》。

草搭建的屋舍，與文章內的描述相吻合。文章搭配著標示明確的插圖，讓學童輕易地將野蠻原住民的樣貌刻畫在心中。因此第一期國語教科書中的原住民形象，是被特別標示的野蠻，在突顯日本帝國的文明進步與漢人社會的現代開化。在認識野蠻的原住民之後，緊接著就以〈基隆與神戶〉帶領學童搭乘蒸汽船，進入日本內地旅遊，體會先進繁華的神戶風光。如此強烈的對比，讓原住民被明確地標註在野蠻的三等地位（相對於「文明」、「半開」而言），以作為陪襯者角色的價值而存在。

圖 2-1-1　〈生蕃〉插圖

往後幾卷關於臺灣的課文，包括了類似旅遊導覽的課文，如〈從臺北到臺南〉、〈臺灣一周〉將臺灣各地的名勝簡要的介紹，主要均集中在地形、特產的介紹，在與日軍征服臺灣有關的景點，則會特別強調。學童與之前討論過的內地遊客一般，僅認識到殖民官方想要凸顯的產業臺灣與征臺功勳的部分。其餘大量介紹臺灣物產（如〈樟腦〉、〈芭蕉〉）或繁華都市（如〈臺北〉）的課文，也是在增強此方面的印象。

在一片欣欣向榮的景象中，殖民者仍不忘提醒學童在殖民體系中的地位，穿插了敘述臺灣傳染病（如〈鼠疫（黑死病）〉）和陋習檢討（如〈纏足〉、〈阿片〉）的文章在其中，提醒學童：就算外在環境已現代化，但自我仍有待開化的因子存在，無法與殖民者平起平坐。並且安排許多偉人介紹的文章，如〈吳鳳〉、〈鄭成功〉、〈兒玉大將〉、〈乃木大將〉等，不管是否敘述日本帝

國內出產的英雄人物，課文內容主要都著重在歌頌主角對臺灣開發所做的犧牲，這幾種類型文章加總在一起，無疑地在培養學童感恩殖民開拓者的基本心態，並從小就灌輸學童次等地位的事實，讓他們產生對殖民者又敬又愛的思考。

　　往後幾期的國語讀本，課文安排雖有變動，但是關於臺灣論述的範圍，仍不脫離這幾個主題。因此學童們在閱讀國語讀本時，得到臺灣印象是依附日本殖民帝國而生的島嶼；臺灣的位置，必須仰賴內地本島來確認；臺灣的價值，是充滿異國情調，生產許多日本內地沒有的果物而存在。兒童學習著由殖民官方精心挑選的臺灣形象，學習著由殖民母國的價值觀認識臺灣。臺灣對於兒童而言，除了是自我生長的環境，也是殖民母國的生產機器。在國語教科書的臺灣，只是數字與產物的加總，沒有複雜的種族情節，僅有文明程度的差別，兒童學習不到自我族群的樣貌。因此我們可以簡單的說，日本殖民統治時期國語教科書中的臺灣形象，是個平面而缺乏歷史深度的臺灣。

二、國語讀本中臺灣形象的變化

　　前段已用橫向面討論國語讀本中的臺灣形象，而之前我們也提過各期國語讀本的課文雖略有變動，但是某些課文仍固定出現，只是內容上作改寫。因此本段將以這些關於臺灣而固定出現的課文作縱向觀察，旁及新加入的臺灣相關文章，觀察國語讀本中臺灣的變化。

　　以作為臺灣地區總論的〈臺灣〉一文來說，除了第五期國語讀本之外，其餘均有出現，而各期之間的內容，也有些許的變動。在第一期的課文中，對臺灣的介紹包含面積、地形、氣候、特產、都會區與港口。第二期的課文，在都會區方面，除了原先提到的臺北、臺南、臺中之外，還增加了嘉義；物產方面，則多出了米與木材。第三期課文的物產方面增加甘藷、水產、石炭；都會區則多了新竹。第四期課文，將臺灣的縣市劃分清楚的標示出來，商業都會區也加入彰化、屏東兩地；港口部分，除了新增了東海岸的花蓮港，還預告了新興的築港工程。從這幾期的課文增加內容，可以看出臺灣整體建設的進步。除了〈臺灣〉一文作如此的觀察，其他像〈臺北〉一課的變化，也可以清楚的看見大稻埕取代艋舺成為新興的貨物集散地，或是三線道等各式現代化公共設施的興建。〈臺南〉與新加入的〈臺東來郵〉（〈臺東だより〉）、〈東臺灣〉、〈高雄〉等課文都為臺灣城市的發展留下見證。

　　臺灣的進步不僅限於都市與物產的發達，與其相輔相成的交通建設，也是重要的一環。〈從臺北到臺南〉或〈臺灣一周〉之類的課文內容，著重在臺灣境內各旅遊景點的介紹，乘坐的交通工具則為船或火車，因此在閱讀各期這類課文時，不僅可以瞭解當時著名的旅遊景點，還可以觀察到每個時期交通運輸系統的進步。課文積極的將各據點間所需的交通時間，清楚的標示出來，如第一期第十卷〈從臺北到臺南〉就提到，「從臺北到這裡（桃園）雖然有六里的距離，但是火車的話，只需要一小時就可以到達」。第二期讀本以多篇文章強調交通建設的發達，例如〈臺灣縱貫鐵路〉或〈昔日之旅〉（〈昔の旅〉）都是。

　　〈臺灣縱貫鐵路〉一開始即說到，「從基隆開始乘坐火車前往，只需要一小時就可以到達臺北，從此處開始，經圓山和北投到淡水，有支線可行。從臺北出發，只需三小時就可以到新竹」。這些課文都以明確的交通時間，說明鐵路運輸的便利。之後第十卷第二十二課的〈昔日之旅〉，更將旅遊的今昔狀況作完整的介紹。內文談到「現在乘坐急行火車的話，從臺北到臺南，只需要九個小時就可以到達，但是在從前就算最快，也要花上十天以上的時間」，可見縱貫鐵路的開通，大幅的縮短臺北到臺南的距離，旅行間所需承擔的風險也相對降低，讓臺灣旅行變成一件樂事。第三期出現的課文中，更將廈門、福州與臺灣之間的海運進步，列入討論範圍，強調來臺旅行的安全性與所需經費的減少。

　　今昔比較的範圍除了交通建設外，還擴及衛生方面。第三期讀本，由〈臺灣的衛生〉取代之前的〈鼠疫〉、〈傳染病〉等文，文中以長者的口吻告訴年輕的一輩，舊時臺灣衛生觀念薄弱與醫療貧乏的種種情景，與歷經三十年的改善成果，說明了殖民政府對衛生習慣改正的功效。

　　最後，出現兩期的〈生蕃〉課文，在兩期間也作了改寫。第一期讀本中的原住民形象，是「沒有智慧，也不知道理，時常砍人家的頭，不知文字」的原始形象。第二期的〈生蕃〉課文中，開頭即說明原住民為從前就居住在本島的種族，雖有些傳承下來的舊習，但是現在已多開化。在最後一段，更將原住民的種族作簡單的介紹，並且認為原住民已在皇室的恩澤下，成為帝國的良民，原住民成為帝國政府治績最好的成品。

　　從上面的論述中可以察覺，改寫過的課文不管談論到何種課題，都是以今昔比較的手法作為寫作方式，讓野蠻臺灣的形象不斷重現，作為今日進步

臺灣的陪襯。有今與昔的比較，今日的建設成果才能更顯光彩。縱觀五期的
臺灣讀本，我們可以輕易將殖民政府對臺灣所做的各期建設，作簡單的瞭解。
而回到學童認知面，隨著統治時間的拉長，越接近統治末期的國語讀本讓學
童學習到的臺灣，則越現代化，越適合人居，越是良好的旅遊地，這一切當
然必須歸功於殖民政府的治理。而作為陪襯的昔日臺灣，也相對加深其野蠻
的印象，越來越讓人無法想像，甚至令人厭惡。

　　當今昔比的差距拉大後，殖民官方在其中耕耘的成果，就更為閃耀、令
人崇敬。因此學童在學習這類課文之後，只會更加嚮往日本殖民者的身份。
再加上讀本內呈現的臺灣是個「去除歷史的臺灣」〔註3〕，學童的族群身份不
被提起，該族群的歷史文化，被刻意隱沒。而這類的文章強調殖民者對殖民
地苦心經營的成果，再透過對日本事物相關課文的內容，讓學童認識到一個
位階更高、國富兵強的殖民母國。建構出從殖民母國到殖民地政府，再到被
殖民統治的臺灣人民間的統治軸。因此讀本中對臺灣的鄉土認同並不會妨礙
學童對殖民母國的認同，反而在種種今昔比較的課文中，學童的鄉土愛，在
某種程度上強化了他們對國家的認同。〔註4〕

第二節　原住民孩童教育下的臺灣形象

　　殖民政府對於原住民的教育，分為學務部管轄的蕃人公學校與警察本署
下的蕃童教育所兩種。在未訂定原住民學童專用的國語讀本之前，蕃人公學
校的學童都是以文部省編纂的《尋常小學校讀本》，或是臺灣總督府編纂的《公
學校用國民讀本》學習，這兩種教科書都是專門為日本內地學童或是臺灣漢
學童設計，並不完全適合原住民學童學習。有鑑於此，在大正3年（1914年）
10月總督府議定任命委員編纂蕃人讀本。大正4年（1915年）3月30日發行
卷一與卷二，大正5年（1916年）2月29日發行卷三，3月29日發行卷四。
〔註5〕

　　昭和3年（1928年）臺灣總督府警務局出版了《教育所用國語讀本（卷
一～卷八）》，是第一套專為原住民學童教育所編纂的國語教科書。本套教科

〔註3〕周婉窈，〈實學教育、鄉土愛與國家認同——日治時期臺灣工學校第三期「國
　　　　語」教科書的分析〉，頁37～38。
〔註4〕同上註，頁45。
〔註5〕臺灣總督府，《蕃人讀本編纂趣意書》，（臺北：臺灣總督府，1916），頁1～2。

書的文章來源，取自於《蕃人讀本》、《尋常小學校讀本（大正七年版）》、第二期《公學校用國民讀本》與第三期《公學校用國民讀本　第一種》。李佳玲的研究指出《蕃人讀本》與《教育所用國語讀本》的編纂原則大致相同〔註6〕，雖然讀本卷數增加，但是課文討論的範圍仍不脫《蕃人讀本》既定的內容，加上原始資料蒐集較為困難，因此本節以《蕃人讀本》作為討論的主體。分析此套專為原住民學童設計的教科書，所傳達的臺灣形象為何？與一般本島學童所學習到的臺灣形象有何不同？造成此種差異的原因又為何？

一、《蕃人讀本》中的臺灣形象

　　四卷的《蕃人讀本》教授內容，偏重於博物及衛生、實業方面的學習，對於道德教育也相當重視。如果從各卷課文分佈的情形來看，可以發覺越接近卷四，關於國家及皇室的課文就越為增加，相對的博物方面的課文也就減少許多（見表2-2-1），此現象背後的意義，我們會在後面的段落加以討論。

表2-2-1　《蕃人讀本》教材分佈表

分類	卷一	卷　二	卷　三	卷　四	共計
道德	（省略）	〔2〕學校 〔6〕親子（一） 〔7〕親子（二） 〔10〕書 〔16〕工作	〔6〕掘薯 〔9〕好孩子 〔10〕天長節 〔16〕媽媽的幫忙 〔17〕拿東西 〔18〕繪葉書 〔19〕哥哥寄來地 〔20〕日本	〔1〕神武天皇（一） 〔2〕神武天皇（一） 〔8〕警察官 〔9〕老師 〔18〕諺 〔20〕親切的仁吉 〔21〕人之務	20
博物		〔3〕狗 〔5〕木與葉 〔7〕豬 〔8〕蛙與貓 〔11〕雛 〔12〕竹與籐 〔13〕孩子與猿	〔2〕花 〔8〕烏鴉的智慧 〔13〕水牛 〔15〕鳥	〔3〕鹽和砂糖 〔12〕蟲	13

〔註6〕李佳玲，《日治時期蕃童教育所之研究（1904～1937）》，中央大學歷史研究所碩士論文，2003年，頁34～36、83～90。

理化		〔4〕雨與風	〔12〕錶		2
身體 衛生		〔14〕手的指頭	〔3〕學用品 〔5〕食物	〔13〕種痘 〔19〕衛生	5
天文 地理		〔9〕日出 〔15〕夕陽 〔18〕四方	〔1〕臺灣 〔11〕海	〔10〕臺北	6
實業		〔19〕編織 〔20〕田	〔7〕我們家的田 〔14〕手動	〔4〕度、量、衡 〔5〕農業（一） 〔5〕農業（二） 〔15〕交易所 〔16〕金錢	9
家庭		〔1〕太郎	〔3〕蕃社的家	〔14〕次郎的日記 〔17〕儲蓄	4
社會				〔7〕我們的蕃社	1

※資料來源：臺灣總督府，《蕃人讀本編纂趣意書》，（臺北：臺灣總督府，1916），頁26
　　～27。

　　對於《蕃童讀本》，陳淑瑩已經做了很好的研究〔註7〕，另外《蕃人讀本
編纂趣意書》〔註8〕也將本套讀本的特色作了詳細的說明，下面將《蕃童讀本》
的特色作簡要的整理：

　　（一）漢字使用量少：課文內使用到的漢字量相當少，原因在於顧及原
　　　　　住民對於漢字本身認識較少，再加上筆畫多書寫起來較為困難，
　　　　　因此除了簡單的通俗用字，如：錢、圓等，其餘多使用假名。

　　（二）課文內容句子簡單：本套讀本的用意，在於讓學童熟練句型，盡
　　　　　量避免較長的句子，因此學童們的程度也比使用《公學校用國民
　　　　　讀本》的學生低。

　　（三）課文內容部分取材自《公學校用讀本》或《尋常小學讀本》：出於
　　　　　此兩種讀本的課文占全部課文的 61%，但是為因應原住民的程
　　　　　度，故許多課文都做了改寫。部分關於原住民事物的課文，則為
　　　　　新作。〔註9〕

〔註 7〕　陳淑瑩，〈解題『蕃人讀本』について〉，《蕃人讀本》，（福岡：久留米大學，
　　　　2002），頁253～295。
〔註 8〕　臺灣總督府，《蕃人讀本編纂趣意書》，（臺北：臺灣總督府，1916），頁26～27。
〔註 9〕　關於原住民事物的課文，將在下面文章中作分析。

（四）課文取材偏重常識學習：課文材料選擇雖多方面涉獵，但特別偏重在國民精神涵養、日常生活相關常識的養成。

（五）課文內的插畫全為內地人的裝扮：讀本插畫本應接近學童的日常生活，使學童產生親切感，進而學習課文傳達的知識。但是因為原住民的種族間生活習慣、居住環境、服飾等，各不相同，太過複雜。有鑑於此，故將《蕃人讀本》中的插畫人物取材於日本人的模樣，家屋的型態也取自日本內地偏僻山間的小屋樣式，如此也有助於原住民學童在思考學習上的日本化。

瞭解這些特色之後，再進一步探討讀本中的課文內容。

卷二的課文多集中在博物與實業的範圍裡，例如對動植物的認識或是天文地理方面的簡單涉獵。到了卷三、卷四，我們可以清楚的從表 2-2-1 看到，出現了國家認同相關的課文，另外對臺灣這塊土地的相關論述也有相當篇幅。第三卷的第一課即是〈臺灣〉，課文的內容是僅將臺灣的地形與重要都市做簡單的介紹，並在最後簡單提到總督府的統治即結束，學童們在其中只得到簡單的臺灣地理常識和總督府的統治權，對臺灣這塊土地並無多餘的文化深入探討。相對地，第三卷的最後一課的〈日本〉便以歷史的角度，告知學童日本是經歷多次戰爭，始終屹立不搖的強國，並且介紹了天皇的住處──東京，也讓學童瞭解到臺灣總督府的統治權來自於天皇，最後告誡學童必須將天皇謹記在心。日本成為學童們夢想中的國土，也漸漸為自己身為日本帝國的一份子感到光榮。

讀本內的課文安排，對於自我身份的體認又有多少呢？第三卷中的〈蕃社的家〉與第四卷的〈我們的蕃社〉，都是讓學童認識自我生長環境的課文。但是細看內文，卻發現僅是用簡單的話語，將部落環境作簡單的敘述而已。像〈蕃社的家〉的內容：

> 這是蕃社的家。父親和哥哥正在那邊的田地工作。母親是正在分東西的那位。正在洗衣服的是姊姊，照顧小孩的是妹妹。從學校回來的弟弟正在餵養雞和豬。這是家人每天的工作。因此每個人的身體都很好。

短短幾句話的課文敘述，或許是部分學童家中的生活，但是從課文的插畫描繪（圖 2-2-1），很難一眼看出是部落的景象，反而像是日本內地鄉村的景色，這當然是《蕃人讀本編纂趣意書》所說的現象，但是如此根本無法讓學童真

實瞭解到自己生活環境的全貌。另外，〈我們的蕃社〉內敘述的部落情景也很籠統。值得注意的一點，是把在部落身兼教導者與統治者的警察與老師，以和藹可親的形象出現在課文中，另外也有以警察與老師為專題的課文，文中均大大讚揚其教導部落人民的功勞。

圖 2-2-1〈蕃社的家〉插圖

除此之外，其他如〈度、量、衡〉、〈錢（お金）〉、〈農業〉之類的課文，都是在教導學生農業生活中所必須具備的常識，這些課文在《公學校國語讀本》是少見的。對於城市生活的認識，也透過〈繪葉書〉、〈臺北〉等課文來瞭解。〈繪葉書〉中敘述從臺北唸書的哥哥那裡寄來五張繪葉書，繪葉書的圖像裡分別介紹了總督府官邸、臺北的街道與哥哥念的學校。隨後一課的內容，是描述主人翁回寄葉書給哥哥，表達希望能趕快長大像哥哥一樣到臺北唸書。從這裡我們可以瞭解，葉書是百姓們相互傳遞信息的重要媒介，而繪葉書中的圖案也確實帶給接收者「觀看」的樂趣。在課文中描述的繪葉書圖案是關於臺北的景象，讓主人翁心生嚮往，這或許會感染無數閱讀此課文的學童，學童們看到新穎的臺北市街景，對照著自己現下所處的部落生活，讓學童產生努力向上，類似朝聖的心態〔註10〕，進入殖民官方系統，並希望接近他們心中夢想的中心。

　　由《蕃人讀本》的課文取向與安排，我們可以進一步分析殖民者的統治心態。四卷的《蕃人讀本》中，安排了大量的博物與實業類型課文，無疑是

〔註10〕Benedict Anderson 著；吳叡人譯，《想像的共同體：民族主義的起源與散布》，（臺北：時報，2000）。

將遠離文明的部落,拉往現代化社會的方向邁進,〈度、量、衡〉、〈金錢〉、〈交易所〉原本不存在也不需存在於部落的種種交易措施,被強制灌入原住民學童的腦中,教導其學習到這些措施的重要性與使用方式,但就另一個角度而言,原住民學童也漸漸失去其原本族群社會該有的本色。在道德教育方面,從孝敬父母、尊敬老師與警察到最後效忠天皇,一系列如同心圓般的忠誠教育,不管往那個方向走,總在最外圈的天皇領域下進行,因此教孝教忠的最後結果,就是向天皇致敬,向殖民者的身份致敬,背離我族屬性。

殖民官方在部落的教育政策,是相當成功的,我們可以從以下的引文加以瞭解:

> 鹽月:提到生蕃,最近變化很大。例如到莎勇鐘所在的利有亨社去,
> 　　　都覺得不像到蕃社而是像到真正日本人的地方去的感覺。他
> 　　　們只要有日本人在場就全不說蕃話,如果他們彼此之間交談
> 　　　也是很小聲,不讓日本人聽到地。請他們唱蕃歌,也不太喜
> 　　　歡唱的樣子。
>
> 宮川:這實在傷腦筋。
>
> 鹽月:他們都口齒清晰地唱日本歌,從唱片學來的。
>
> 宮川:原來如此。
>
> 鹽月:從唱片直接學來的,因此到底趕不上日本人吧!在學藝會
> 　　　上,出席的三十歲到四十歲的蕃人婦女,提到婦女的工作那
> 　　　樣的話題時說:「我有女孩兩人,男孩一人,都將栽培為優
> 　　　秀的日本人,為國服務,這就是我們主婦的責任。」她們穿
> 　　　著日本和服,不過有點不太整齊的感覺。十多歲的女孩,不
> 　　　跳蕃人舞,而是隨著日本流行的愛染桂歌舞跳舞。〔註11〕

以上是多位臺灣趣味界的權威人士,就鐵路局出版的《臺灣趣味》一書中不足的部分加以討論的片段。從對談的文字當中,我們可以發覺1940年代的部落已相當日本化,少有部落原本的風貌,而接受殖民教育的原住民學童,也能口說日語,追求日本內地的流行,他們極力的追求殖民母國的一切,希望自己能成為真正日本人。

就這點,我們可以藉由二十世紀出色的殖民主義批判者法農《黑皮膚,白面具》的討論被殖民者面對殖民母國的心情作更深刻的體認:

〔註11〕尾崎秀真等,〈趣味臺灣座談會〉,《臺灣實業界》1941年8月;翻譯見《風景心境》,頁451。

　　所有被殖民者——換句話說，所有因爲當地文化的原出性被埋葬而
　　產生自卑情結的人——都得面對開化者國家的語言，也就是母國的
　　文化。隨著學習母國的文化價值，被殖民者將更加遠離他的叢林。
　　當他拒絕他的黑，拒絕他的叢林，他會更加的白。〔註12〕

法農認爲學習一種語言就等於學習一種文化，當原住民學童學習了殖民母國
的語言，也就等於接近殖民母國的文化。他們藉由使用流暢的日語，遠離自
我野蠻的特質，並洗刷因野蠻而帶來的自卑感。在日本殖民者面前，他們盡
量表現得與殖民者沒有兩樣，希望自己趨近文明的一方。但是可悲的是，當
原住民越是表現得日本化，越是讓那些深入原住民部落探訪的殖民者感到惋
惜。前文提到的臺灣趣味討論會中，發言者提到，臺灣的趣味在於原住民的
存在或不希望原住民過度商業化，而忘卻固有特色之類的話語，因此就部分
日本人而言，他們不希望原住民的野蠻性消失，而臺灣存在的價值，也在於
其具有野蠻的趣味，讓高度文明化的日本內地人，能夠前往探訪異地風情。
觀看「野蠻」滿足殖民者對他者的想像，以完成對自我「文明」的確認，一
旦殖民地失去了這個特質，便會開啓殖民者的焦慮。因此如果當「野蠻」價
值都消失時，臺灣也就相對失去她作爲殖民地的重要價值。

　　談到這裡，我們可以發現一個有趣的衝突點存在於殖民者的一方，殖民
官方藉由教育與各種措施，希望營造原住民部落成爲一個接近日本化的人間
樂土，以展現其征服野蠻的成果。但是殖民探險者則希望部落能保持野蠻的
狀態，以增加探訪時的趣味。野蠻特質存在與否，完全受限於殖民一方的取
向，這或許可以多少解釋爲何殖民官方努力的向日本內地宣揚臺灣的現代
化，而一般日本群眾仍認爲臺灣是個蠻荒恐怖之地的現象。

　　回歸到原住民學童教育的《蕃人讀本》議題上，在《蕃人讀本》中，學
童們無法學習到與自我生長環境相符的事物，讀本中的插畫全是日本人的樣
貌，學童看不到屬於自我族群的眞實樣貌。課文中提及的部落生活，都是以
農耕爲主的鄉間生活型態，文中出現的人物，都是勤勞向上的。雖然生活周
遭充滿了警察，但是都平易近人，並且與學校老師爲原住民奉獻自己的知識
與勞力。至於讀本中的臺灣形象似乎僅建構在部分簡單的地理常識中，多數
的課文都在灌輸學童近代社會所需的相關技能。因此「臺灣」相對於「日本」

―――――――――――――――

〔註12〕佛朗茲・法農（Frantz Fanon）著，陳瑞樺譯，《黑皮膚，白面具》，（臺北：
　　　　心靈工坊文化，2005），頁77。

而言，只是一個沒有歷史背景的地理名詞而已。讀本中的「蕃社」，也僅是以烏托邦般的幻境方式存在於讀本中，原住民學童們學習著殖民者營造出來的新式部落的生活型態。

二、《蕃人讀本》與《公學校國語讀本》的比較

原住民與漢族的學童在學習兩套不同的國語讀本後，所吸收到關於臺灣的知識，有何不同？是筆者想接下來進一步探討的方向。以下分為臺灣觀、異族接觸、生活環境認識三方面加以討論。

在臺灣觀方面，學習《蕃人讀本》與《公學校國語讀本》的學童，在〈臺灣〉一課認識到的臺灣，都是屬於地理上的臺灣。只是《公學校國語讀本》版本的課文較為多樣化，不僅止於提到臺灣的地形與重要都市，還提到港口、特產與現代化建築等，課文相對豐富有趣。再看相關配套的課文，《蕃人讀本》對都市僅提到臺北，但是《公學校國語讀本》版本則以單一都市或景點介紹（如〈臺南〉、〈鵝鑾鼻〉）、環島旅遊（如〈從臺北到屏東〉、〈臺灣一週〉）、產業活動（如〈阿里山鐵道〉、〈臺灣的果物〉）介紹關於臺灣的種種。因此漢族學童學習到的「臺灣」，比原住民學童更為多樣化，而且部分漢族學童就生活在課文提到的城市裡，可親身體驗殖民政府的建設，並對其產生認同感。相對於漢族學童，原住民學童則無法從簡單的課文敘述中多瞭解臺灣。都市的生活是原住民學童們的夢想，在閱讀相關課文時，並非對內容產生親切感，而是化為努力向上的動力。

異族接觸方面，《公學校國語讀本》有〈生蕃〉一文，向學童介紹與我族不同的其他族群。裡頭原住民過著捕魚、狩獵的生活，身穿獸皮或粗糙的麻布製成的衣服，住在木頭、竹子或石頭建成的屋子裡，集合所有野蠻形象的原素。《蕃人讀本》在這方面是缺乏的，並無類似介紹漢族的課文。在讀本中出現的人物，不是以第一人稱書寫的主角，就是日籍警察官或教師。加上讀本中的插畫內容都是以日本人的樣貌出現，因此日籍的警察官或教師也不算是學童們心中的異族，而是文明知識傳授者。相對於對異族的認識，原住民學童對自己的認識也在插畫與課文的誘導下，學習到虛構下的自我形象。

對於生活環境的認識，我們可以從一篇《公學校國語讀本》與《蕃人讀本》都出現的課文略作瞭解。《公學校國語讀本》第二期第五卷的〈田舍的

家〉和《蕃人讀本》第三卷的〈蕃社的家〉內容幾乎完全相同，之前提到《蕃
人讀本》裡有 61% 的文章，是改寫自《公學校國語讀本》的課文，本篇就是
其中之一。但是原住民的生活與漢族的生活形態原本就不同，因此可以說殖
民政府藉由《蕃人讀本》，在塑造一個想像中的部落生活，希望原住民放棄
狩獵的生活方式，成為農業型態的村落。再從該課的插圖來看，《公學校國
語讀本》圖畫裡（圖 2-2-2）的人物，仍穿著漢族服飾，但是《蕃人讀本》
則是日本鄉間的樣貌（圖 2-2-1），所以與其說塑造一個想像中的部落，不如
說透過《蕃人讀本》，將部落改造成一個個日本式的村莊。

圖 2-2-2　〈田舍的家〉插圖

　　再從教育取向作分析，《公學校國語讀本》多用今昔比較，凸顯殖民官方
的治績，但是《蕃人讀本》則直接抽出原住民樣貌，導向於日本人塑造的走
向，兩種不同的教育方式，表現出兩種教育取向。在《公學校國語讀本》方
面，殖民官方希望的是加強漢民族對殖民母國的認同，因為屬於「半開」的
漢民族擁有較為深厚的文化傳統，因此必須以國家認同的方向上努力，以求
在認同殖民官方治績後，間接對殖民母國的效忠。在《蕃人讀本》方面，由
於歸屬於「野蠻」的原住民，不管在溝通或是管理上，都有相當的困難度存
在，殖民官方希望藉由讀本大量的實業教育與道德教育，教導出效忠國家且
便於管理的原住民，並讓一個個忠誠的原住民樣本，影響部落的其他人，而
漸漸成為殖民官方教育野蠻的具體成果。

最後，兩套國語讀本比較下來，《公學校國語讀本》內的課文內容，落實在學童的生活經驗裡，但是《蕃人讀本》則製造一個殖民者預想下的部落理想形象，教導原住民學童們朝這個方向邁進。因此原住民學童們學習到的臺灣意象，比起漢族學童，是較為薄弱的，甚至與其生活沒有一點關係。原住民學童們被阻擋在真實之外，活在被架構出來的日本式生活中。

第三節　修學旅行中的臺灣形象

臺灣第一任總督樺山資紀曾因為臺灣不衛生且容易罹患疾病的環境，兩次正式發佈命令希望日籍官員能養成運動的習慣，保持身體健康。相對於具有運動觀念的日本人，臺灣人的生活方式就顯得較為不守秩序、不規律。〔註13〕在彰顯殖民者文明感的同時，將臺灣人的身體以教育的方式加以規訓，成為正當化殖民統治手段的一種理由，體操課的實施，即為此思維下的產物。

除了體操課，學校的體育教育為提升學生的學習興趣，往往加入競賽及娛樂性質的活動，以達到讓學生活動身體的目的，運動會即為其中的方式之一。〔註14〕當然在一般學校除固定實施的體操課程及運動會之外，校外徒步活動也是增強體能又兼具娛樂及教育性的一種方式，這些活動包括了遠足、登山、修學旅行等。〔註15〕

其中修學旅行的實施與本論文所探討的主題，有相當密切的關係。日文中「修學」即「學習」的意思，修學旅行的目的在於增廣見聞、鍛鍊身體、培養團隊精神。也正是因為這樣的校外旅行，帶有學習的意味，因此在行程的安排上，必定是精心規劃。而修學旅行的興起也與臺灣鐵路運輸發達有關，先前討論臺灣觀光的議題時，提到由於縱貫鐵路的通車，縮短旅行的距離，加上票價便宜，帶動起臺灣島內的旅遊熱潮。搭乘火車的旅客結構中，學生為大宗，一方面是因為學生購票有優惠，另一方面是因為學校多半在建在鐵路沿線。〔註16〕

〔註13〕謝仕淵，〈殖民統治與身體政治──以日治初期臺灣公學校體操科為例（1895～1916）〉，《跨界的臺灣史研究──與東亞的交錯》論文集，（臺北：播種者文化，2004），頁287～288。

〔註14〕許佩賢，《臺灣近代學校的誕生──日本時代初等教育體系的成立（1895～1911）》，臺灣大學歷史所博士論文，2001，頁222。

〔註15〕游鑑明，〈日治時期臺灣學校女子體育的發展〉，《中央研究院近代史研究集刊》第33期，2000年6月，頁26～27。

〔註16〕呂紹理，《水螺響起：日治時期臺灣社會的生活作息》，頁91～94。

每年各校舉辦的「修學旅行」就是利用鐵路，至臺灣各地參觀旅行。

　　本節以修學旅行的參觀地點作為分析的主體，希望藉此能進一步瞭解學生除了學校教科書之外所認識到的臺灣形象為何？

一、修學旅行的實施

　　在探討修學旅行中的臺灣形象之前，我們先就修學旅行實施的對象、經費與類別作簡單的說明。就旅行所需的經費而言，在臺灣總督府公文類纂，關於「國語學校學生赴日本修學旅行案」中，即提到「國語學校學費中，在旅費項目內設修學旅行費」〔註17〕。一般學校在學生的學費內，都會包含「修學旅行費積立金」或「旅行基金」一項，各校按需要設定應繳交的費用，中間沒有統一的繳交標準，像是臺北高等商業學校就設有「修學旅行積立金規程」〔註18〕，而臺南第一高等女學校，則以一個月繳交一元的方式累積（見表 2-3-1）。

表 2-3-1　臺南州立臺南第一高等女學校學生學費一覽表（單位：圓）

種類	項　　目	第一學年	第二學年	第三學年	第四學年	補習科	備　　註
通學生	教科書	約 15.00	約 15.00	約 14.00	約 15.00	約 8.00	
	授業金	30.00	30.00	30.00	30.00	30.00	每學期十元
	校友會費	9.00	9.00	9.00	9.00	9.00	每學期三元

〔註17〕〈國語學校學生赴日本修學旅行案〉

〔註18〕「修學旅行積立金規程」規定：

　　本校學生學費繳付期，修學旅行費第一期二十五圓，第二期二十圓，但是第三學年的修學旅行如果有需要才收。

　　貿易專修科學生第一期存五十圓

　　如果留級的話，學年中也要繳交。

　　修學旅行積立金是當作第三學年及貿易專修科的修學旅行費。

　　修學旅行積立金如果為了前述事項以外的目的時，將退還。

　　對於第三學年及貿易專修科不參加修學旅行者，畢業時會退還已累積的積立金。

　　對於退學者會退還積立金。

　　修學旅行積立金所生的利息，充當南支南洋經濟研究會所需費用。

　　修學旅行積立金在學費繳交日與學費一同繳交至本校庶務課會計員。

　　臺北高等商業學校，《臺北高等商業學校一覽【昭和十三年版】》，（臺北：臺北高等商業學校，1938），頁 67～68。

	修學旅行儲蓄金	11.00	11.00	11.00	11.00	5.50	一個月一元（補習科除外）
	同窗會儲蓄金	5.50	5.50	5.50	5.50		一個月五十錢
	學用品	16.50	16.50	16.50	16.50	16.50	一個月約五十錢
	合計	87.00	87.00	86.00	87.00	69.00	
住宿生	教科書	約15.00	約15.00	約14.00	約15.00	約8.00	
	授業金	30.00	30.00	30.00	30.00	30.00	每學期十元
	校友會費	9.00	9.00	9.00	9.00	9.00	每學期三元
	修學旅行儲蓄金	11.00	11.00	11.00	11.00	5.50	一個月一元（補習科除外）
	同窗會儲蓄金	5.50	5.50	5.50	5.50		一個月五十錢
	學用品	16.50	16.50	16.50	16.50	16.50	一個月約五十錢
	餐費	121.00	121.00	121.00	121.00	121.00	一個月十一元
	寮費	33.00	33.00	33.00	33.00	33.00	一個月三元
	住宿費	6.60	6.60	6.60	6.60	6.60	一個月三十錢
	合計	247.60	247.60	246.60	247.60	229.60	

※資料來源：《臺南州立臺南第一高等女學校一覽表》，昭和12年。

　　臺北第三高等女學校的「旅行基金」使用範圍，就包括修學旅行、強行遠足、登山與一般遠足，或是作為日本內地旅行和登新高山的補助款等。〔註19〕

　　再就修學旅行參加的對象而言，因為安排為搭乘火車的行程，多以小、公學校高年級以上的學生為主。〔註20〕所需耗費時日與旅行地的遠近，也隨著年齡的增長而有所不同，以臺中師範學校為例，普通科第一學年，僅是「日歸旅行」，但是到了第五學年，就可以至日本內地旅行三星期（表2-3-2）〔註21〕，臺北第三高女也有類似的規定。〔註22〕

〔註19〕臺北第三高等女學校同窗會、學友會，《創立滿三十年記念誌》，（臺北：盛文社，1933），頁164。

〔註20〕游鑑明，〈日治時期臺灣學校女子體育的發展〉，《中央研究院近代史研究集刊》第33期，2000年6月，頁29；呂紹理，《水螺響起：日治時期臺灣社會的生活作息》，（臺北：遠流，1998），頁94。

〔註21〕《臺灣總督府臺中師範學校一覽》，昭和12年10月。

〔註22〕臺北第三高等女學校同窗會、學友會，《創立滿三十年記念誌》，頁163～164。

表 2-3-2　臺中師範學校修學旅行實施

年　　　級	修　學　旅　行　安　排
普通科第一學年	日歸旅行
普通科第二學年	州內兩天一夜行
普通科第三學年	北部三天兩夜行
普通科第四學年	南部三天兩夜行
普通科第五學年	日本內地三週旅行
演習科第一學年	東部七日行
演習科第二學年	教學參觀之旅（州內兩天一夜以內）
講習科	全島旅行（約一週）

※資料來源：臺灣總督府臺中師範學校，《臺灣總督府臺中師範學校一覽（昭和 12 年版）》，
　　　　　　（臺中：臺灣總督府臺中師範學校，1937 年）。

　　簡單區分修學旅行的類別，可以略分爲日本內地旅行與臺灣島內旅行兩種。一般而言，各校的日本內地旅行多在春季成行，因爲日本的冬季十分寒冷，不適合旅行，臺灣本島反而在冬季才較爲涼爽，適合從事戶外活動。〔註23〕因此一般的行程安排，以最能感受到日本美景的春季到日本內地旅行，〔註24〕冬季則在臺灣本島活動。昭和 12 年度的《臺灣教育事情》中就提供了小、公學校日本內地與臺灣島內旅行兩種行程規劃，另外還刊登了合適的住宿旅館廣告（圖 2-3-1），讓各學校參考。各旅館不僅供應舒適的住宿環境，還有優惠的價格，甚至連當地的旅遊介紹與土產都一應俱全。〔註25〕以下就這兩種修學旅行方式，作進一步的討論。

〔註23〕〈修學旅行〉，《臺灣教育會雜誌》第四卷，1902 年 3 月 25 日。
〔註24〕例如臺北第三高女，分別有兩次非春季至內地旅行的經驗，一是大正 8 年秋師範科的學生第一次至日本內地旅行；另一次是昭和 2 年夏季，同窗會的會員至日本內地視察。這兩次的經驗都認爲無法確實的感受到日本風光的美。之後，爲了確實體驗日本內地氣氛，藉著御大禮的機會至日本內地旅行，果然得到預想外的效果，因此往後就訂在春季至日本修學旅行。臺北第三高等女學校同窗會、學友會，《創立滿三十年記念誌》，頁 164。
〔註25〕臺灣時代社教育部，《臺灣教育事情》，（臺北：臺灣時代社教育，1937），頁 107〜130。

圖 2-3-1　昭和 12 年度的《臺灣教育事情》中刊登的住宿旅館廣告

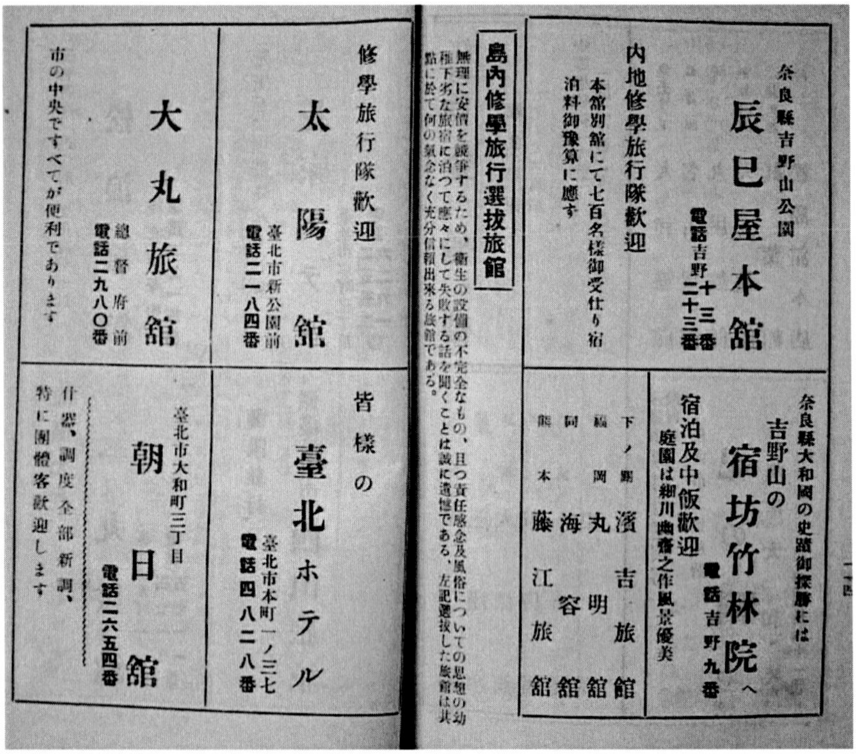

二、臺灣島內修學旅行

　　島內修學旅行實施的時間，爲了錯開春季的日本內地修學旅行，因此多在秋季或冬季舉行。就旅行的地點而言，基本上可分爲南部及北部兩種〔註26〕。雖然各校可能因爲地區不同或時間限制的影響，而安排不同的修學旅行行程，但是基本上，參觀的地點都大致相同。以下將修學旅行的熱門地點做整理於下表：

〔註26〕當然並不是每個學校都作如此分類，像臺中師範學校就將臺灣島內修學旅行分爲「一週旅行」、「南部旅行」及「東勢旅行」三種。臺中師範學校，《〈臺中師範學校〉創立十週年記念誌》，（臺中：高須，1935），頁 24。

表 2-3-3　島內修學旅行熱門地點

參　觀　地		參　觀　要　項	類　　型
北部行程	臺北	總督府	政治
		植物園	博物
		建功神社	政治
		博物館	博物
		臺灣神社	政治
		動物園	博物
	基隆	基隆港岸壁	政治
		舊砲臺	軍事
		基隆重砲隊	軍事
		市區參觀	博物
南部行程	臺中	臺中公園	博物
		臺中神社	政治
		青果市場	實業
	嘉義	嘉義製材所	實業
		林業試驗所	實業
		北回歸線標	博物
	臺南	赤崁樓	博物
		臺南神社	政治
		孔子廟	博物
		開山神社	政治
		安平古堡	博物
	高雄	壽山	博物
		高雄港	實業
	屏東	飛行聯隊	軍事
		製糖會社	實業

※資料來源：《（彰化女子公學校）創立二十週年記念誌》，（彰化：彰化女子公學校，1936），頁 56～57；臺灣時代社教育部，《臺灣教育事情【昭和十二年】》，（臺北：臺灣時代社，1937），頁 118～119。

觀察上表，我們可以分析出以下幾點特色：

（一）少對自然風景的親近，多殖民統治色彩濃厚的景點安排：

從各景點的類別屬性來看，不外乎為實業、政治、軍事、博物等類型，這些類型的景點，都帶有濃厚的殖民統治色彩，教師希望藉由這些標示性高的景點，灌輸學童殖民統治系統中個個環節的意義與重要性。相對的，在過於著重宣揚殖民統治系統且參觀時間有限的情況下，就必須捨棄探訪大自然美景的機會。或者可以說，修學旅行本來就是為宣導殖民功績而存在，欣賞自然美景就不是此宗旨下的重點，況且在搭乘火車前往各景點的路程中，就可以透過車窗觀賞沿途經過的自然美景，所以不需要再另外加入在定點行程裡。

（二）南北行程各有特色，北部現代化，南部產業發達：

從南北行程參觀地點的屬性來看，有很大的不同。北部以參觀現代化的官方建築與城市為主，例如總督府、博物館等具特殊意義的現代化官方建築，是固定安排的行程，藉由宏偉的官方建築向學童強調殖民者強大的統治權力。旅行中也多會有「市街見學」的行程，基隆、臺北、臺中、嘉義、臺南、高雄等開發較為完善的城市為見學的重點，讓學童體認殖民者建設臺灣的用心。雖然「市街見學」的安排貫穿臺灣南北，但是「市街見學」與北部官方建築參觀行程並行，更加強化了北臺灣現代化的意象。南部行程的部分，則以參觀青果市場、製糖會社、製材所等實業類型的景點為主，藉以標示臺灣的生產力，用以表現臺灣對殖民體系的價值。

（三）軍事類型景點的選擇，是官方對外觀光宣傳中所未見：

在教導身為被殖民者身份的學童，體認殖民母國的強大，是殖民教育的重要目標之一。除了參觀現代化建設與產業工廠，可以讓學童認知到殖民政府的統治權與治績外，讓學童參觀飛行聯隊、基隆重砲隊等軍事類型景點，更能厚實殖民政府在學童心中的統治實力。而這點是官方對外觀光宣傳中所沒有的，這是因為來臺的旅客的身份即為殖民者一方，他們到臺灣旅遊的目的是為了探訪野蠻，軍事類型的景點並不符合其需求。再就殖民官方的立場來分析，他們希望吸引日本內地觀光客來臺的理由，在於表現向中央表達自我在臺灣的實際治理成果，如果安排軍事類型景點在其中，不但無助於提起造訪者的參觀興趣，反而容易讓人引起殖民政府想藉由發展軍事化設備，與中央一拼高下的聯想，所以實業或其他具有異國趣味的景點，比較能貼近殖民政府想傳達的想法。

（四）藉由神社參觀，強化殖民官方辛勤耕耘殖民地的意象：

　　每趟旅行中，參拜神社是既定的行程，臺灣神社、臺中神社、臺南神社等都是熱門的參觀景點。臺灣的神社多祀奉北白川能久，〔註27〕也有祀奉鄭成功的，臺南神社就是一例。但不管是否祀奉北白川能久，都是在強調開拓臺灣的偉大精神。因此在參觀許多現代化設施之後，進入莊嚴的神社參拜，遙想最初踏上臺灣奮戰的北白川或因拓臺而犧牲的先烈事蹟，都是在加深學童們珍惜現有環境的心情。

　　除了以上參觀景點的背後意義外，在學校教師的眼裡，修學旅行不但是實際體驗平時教科書上平面知識，更是訓練學童校外禮儀和體會殖民母國偉大的重要經驗，因此在行程安排與帶領方式上，都是經過精心策劃的。在旅程中，教師們會細心將參觀景點裡值得注意的地方詳細說明。〔註28〕對於學生的生活常規，也多有所約束。另外，教師們會利用茶會的時間，讓學生們說說當天參觀的心得，確實瞭解學生吸收的程度。有的學校會讓學生寫遊記或用繪畫（如圖2-3-2、圖2-3-3）的方式，記錄旅行的種種，加深學童的印象。因此學生們在一次的修學旅行中，不但在團體生活的紀律上有所學習，對於參觀地點也由教師的講解與同學間的討論中，獲得充分地認識。

圖 2-3-2　植物園

〔註27〕梁華璜，〈明治時期的天皇體制與乙未侵臺〉，《言與思》第三十三卷第二期，1995年6月，頁97～129。

〔註28〕臺中女子公學校旅行隊記錄員，〈修學旅行を省みて〉，《第一教育》第十卷第十一號，1931年12月，頁82～90。

圖 2-3-3　臺北車站前

　　在學校教師的認真指導下，島內修學旅行將殖民教育的效力擴展到最大。旅行不但讓課堂上學到的知識立體化，更在教師的細心說明下，間接傳達了殖民官方的統治理念（或企圖）。學童藉由一次次的討論或是日記寫作，讓參觀的印象深深地印在腦海，教師也可藉此確認學生是否確實接收到講解的內容。如此旅行的作用有如骨牌效應一般，由學校教師推倒第一個骨牌，之後藉著相關配套措施的牽引，接連著推倒一個個學童心中的骨牌。之後再由書寫繪葉書的方式，將學童內心的感想傳達給家人，而推倒家人心中的骨牌。在這樣一個接一個的牽連影響下，殖民官方透過一個精心策劃的修學旅行，就可以讓被殖民者拜倒在其偉大的功績之下。

　　再從整個島內修學旅行的參觀走向來看，旅行中看到的臺灣，是包裹著日本統治外皮的臺灣。在強大軍事設施背後的臺灣，是柔弱需要保護的；在神社參拜背後的臺灣，是野蠻需要文明曙光照射的；在現代化建設背後的臺灣，是蠻荒不潔需要被開發的；在繁盛的產業背後的臺灣，是殖民母國卑微的供應者。因此島內修學旅行安排下的臺灣，以殖民母國對照組的身份存在，殖民者的建設越完備，就越讓殖民地臺灣顯得微小。

　　失去真實面貌的臺灣，在日本殖民統治的大架構下，她不再是充滿傳染疾病、生活不便的蠻荒之地。旅程中乘坐快速進步的火車出遊，景點在在強調產業的發達與軍事的強大，臺灣成為一個受到殖民政府完善統治的寶島，

學童們開始學習身為「日本人」的驕傲。

三、日本內地修學旅行

　　前面我們談到當殖民者對臺灣的建設越完備，就顯得臺灣的依賴性越強，地位越微小，日本內地修學旅行有異曲同工之妙的效用在。其實從島內修學旅行的時間多在秋冬兩季的安排，就可以發覺島內修學旅行是依附內地修學旅行而存在的，因為春季參觀是造訪日本內地的最佳時機，因此必須把春季留給內地修學旅行，這種刻意的安排，也彰顯了兩種修學旅行的從屬地位，內地修學旅行取得了絕對的優勢。

　　內地修學旅行在「從速實施日本之教化，為要使其日本化，即有必要讓本島人至日本留學或觀光」〔註29〕的立意下設置。第二期《公學校國語讀本》的第十一卷中，就利用課文〈內地觀光〉讓學童們接觸日本風光。裡面主人翁帶著讀者遊覽了神戶、大阪、京都、東京、橫濱、名古屋、伊勢、岡山、廣島等地，參觀了桃山御陵、天皇宮城、皇大神宮、嚴島神社等景點。主人翁對於都市區的繁榮與神社建築的宏偉感到驚喜，並蒐集了旅遊地的寫真帖與繪葉書，送給朋友當作禮物。〔註30〕在課文中提到的參觀地點，在實際的內地修學旅行行程中幾乎都出現，例如臺北師範學校（表2-3-4）的行程安排就是如此。

表2-3-4　《公學校國語教科書》與實際內地修學旅行行程重疊處

《公學校國語教科書》課文行程		臺北師範學校大正十五年內地修學旅行行程		《臺灣教育事情》內地修學旅行行程	
臺北		臺北		臺北	
門司		門司		門司	赤間宮、春帆樓、龜山宮、忌宮神社、乃木神社、乃木將軍生家
下關		下關		下關	
神戶、大阪	伏見、桃山	大阪	伏見、桃山	神戶、大阪	湊川神社、須磨、天王寺公園、大阪城、造幣局、朝日新聞社、工廠、株式取引所、日本紡績

〔註29〕〈國語學校學生赴日本修學旅行案〉
〔註30〕臺灣總督府，〈內地觀光（一）〉、〈內地觀光（二）〉，第二期《公學校用國語讀本》第十一卷，頁24～32。

京都		京都	京都	京都御所、平安神宮、桃山御陵、豐國神社、三十三間堂、清水寺、圓山、知恩院、八阪神社、南禪寺、北野天神、金閣、嵐山、東西本願寺、比叡山迴遊、明嶽、根本中堂、延曆寺、日吉神社、新唐崎、琵琶湖、石山寺、三井寺
東京	宮城	東京	東京	宮城遙拜、靖國神社、明治神宮神宮繪畫館、神宮寶物館、青山御所、乃木神社、乃木邸、泉岳寺、震災紀念堂、帝室博物館、科學博物館、泰明小學校、三佛殿、東照宮、家康墓所、二荒神社、大猷院、寶物殿、明智平景觀、華嚴瀧、多摩御陵、明治製果工場
日光		日光	日光	中禪寺
名古屋		名古屋	名古屋	熱田神宮、名古屋城、內宮、外宮、徵古館、二見浦
廣島			廣島	廣島大本營、淺野侯邸、高師
嚴島	嚴島神社	嚴島	嚴島	
臺北		臺北	臺北	

※資料來源：臺灣時代社教育部，《臺灣教育事情【昭和十二年】》，（臺北：臺灣時代社，1937），頁 108～111；臺北師範學校校友會，《臺北師範學校創立三十週年紀念號（校友會誌第四十二號）》，（臺北：臺北師範學校校友會，1927），頁 167～168。

　　表 2-3-4 將實際在學校施行的內地修學旅行行程，與《公學校國語教科書》中提到的參觀行程，兩者間的重疊處作排列，發覺學校施行的內地修學旅行是以《公學校國語教科書》中所提供的行程作基本，並在此基礎上安排其他景點。

　　在旅行當中，學校教師一樣扮演殖民理念宣揚者的重要角色，而當內地修學旅行結束後，學童們確實感受日本內地的進步與繁榮嗎？我們可以藉由臺北師範學校在《創立三十週年紀念號》中，所收錄學童們對內地修學旅行的感想作檢視：

　　　　內地近了，內地近了。我等多年以來的憧憬，終於實現了，充滿著

希望與歡喜，胸中像是燃起某種難以形容感覺。〔註31〕

臺灣本島學童抱著期待的心情來到日本內地，他們期望能見到夢想中的文明母國。到了日本後的一系列參觀行程，無不讓學童們感到驚豔，而在遊記中大大地頌揚眼前所看到的美景與新鮮有趣的事物。不管是參觀神社還是攀登富士山，在旅行中的種種經驗，總是讓他們覺得驚奇。

在回到臺灣後，教師會帶領學童們大喊「萬歲」，以慶祝內地修學旅行的成功。如此行為的意義不只於此，大喊「萬歲」的同時，也確立了學童心中的殖民母國崇高偉大的形象。在日本內地的種種感動，讓學童心中燃起種莫名的使命感：

我等一定要將在旅行中收穫的見聞，向我的校友、我的家族、我的鄉友、社會人士述說。

我等讓這種愉快的責任感充滿心中。

我等雖僅有微薄之力，但必盡全力向人們介紹旅程中的種種，如此對我福爾摩沙島，今後更加美麗、更加確實，有一定的啟發。

不管是否身為教育者，讓社會生活導向幸福，這是勢在必行之事。

〔註32〕

內地修學旅行，不僅讓學童們得以將教科書上學到的日本知識實地驗證，充分體認到殖民母國的文明進步，也間接培養出一批批志願性的日本文明宣傳者，為殖民政府的政策推行，做最佳的支持者。

最後，我們要對修學旅行中的臺灣形象議題作個總結。殖民者為落實平面教育的效果，以修學旅行的方式，讓學童在精心安排的旅遊行程中，藉由參觀開發完善的都市、現代化大型建設與產業工廠，體認殖民官方的偉大與辛勞。而安排在高年級的日本內地旅行，更有效加深了學生對殖民母國的嚮往。在旅程中教師詳細的說明各參觀地點的意義，且利用夜間討論加深學生的學習印象。更鼓勵學生書寫繪葉書，將殖民教育的影響範圍，擴展到學童的家長與親友，讓生活在殖民地上的每個人，都能沐浴在殖民者所營造的「文明」樂園中。

〔註31〕李崔，〈航海中〉，《臺北師範學校創立三十週年紀念號（校友會誌第四十二號）》，（臺北：臺北師範學校校友會，1927），頁217。
〔註32〕同上註，頁219。

　　殖民官方利用教育的方式，捏塑被殖民地的學童，希望透過刻意選擇的教材，與訓練有素的教師，有效地灌輸殖民者的統治企圖。在公學校眾多教學科目中，以國語一科的授課時數最長，影響學童最深。本節透過公學校國語教科書的分析，瞭解到殖民者希望藉由今昔比較，與摘除漢族歷史、填入日本文化的方式，教導漢族學童對殖民者開化臺灣之功，心存感激，並進一步輕視自我「野蠻」的過去，認同文明的殖民統治者。其次，在面對原住民學童時，企圖以充斥於《蕃人讀本》中的內地人圖像，造成原住民學童對於自我原貌認知上的落差與疏離，並加強實學教育，教導原住民學童成爲一個個「文明」的擁護者，進而在部落爲殖民官方大力宣揚統治政策。

　　殖民者爲落實平面教育的效果，更以修學旅行的方式，讓學童在精心安排的旅遊行程中，藉由參觀開發完善的都市、現代化大型建設與產業工廠，體認殖民官方的偉大與辛勞。而安排在高年級的內地旅行，更有效加深了學生對殖民母國的嚮往。在旅程中教師詳細的說明各參觀地點的意義，且利用夜間討論加深學生的學習印象。更鼓勵學生書寫繪葉書，將殖民教育的影響範圍，擴展到學童的家長與親友，讓生活在殖民地上的每個人，都能沐浴在殖民者所營造的「文明」樂園中。

第三章　臺灣人在文壇塑造的臺灣形象

第一節　《臺灣民報》系統中的臺灣形象塑造

一、《臺灣民報》系統簡介

　　殖民政府領臺近二十年後，臺灣社會逐漸培養出一群受過近代教育洗禮的知識社群。在不健全的殖民教育體制下，如果要受較高等的教育，就必須向外尋求。因此逐漸有許多中上家庭，紛紛將子女送至日本或中國等地留學，接受高等教育。而這些受到新式教育的留學生，在擺脫殖民教育的束縛，與吸收當時的世界思潮的同時，漸漸形成具有自我意識的知識社群，成為 1920 年代臺灣文化運動的要角。

　　大正 9 年（1920 年），在東京留學的臺籍知識份子，以推動臺灣的政治改革，啟發島民等主要目標，組成「新民會」，並發行《臺灣青年》，介紹當時的世界情勢與談論臺灣地方自治等議題。希望藉此啟蒙臺灣島內的新思想。之後，在《臺灣青年》改名為《臺灣》後，《臺灣》雜誌社於大正 12 年（1923 年）4 月創辦《臺灣民報》，希望藉由漢文的白話文報紙，啟發臺灣人民的思想，並以為民喉舌為己任，對抗有御用報之稱的《臺灣日日新報》。[註1] 昭和 2 年（1927 年）8 月得到臺灣總督府的許可，正式在臺印刷發行。

　　《臺灣民報》於昭和 4 年（1929 年）3 月 29 日改名為《臺灣新民報》，

〔註 1〕 李承機，〈殖民地新聞としての《臺灣日日新報》論〉，《殖民地文化研究》第二號，2001 年 7 月 1 日，頁 171。

報社成員除了一位日籍顧問外,全由臺灣人接任。內文有三分之二為中文,三分之一為日文,繼續秉持為民喉舌的精神。但是到了昭和12年(1937年),在日本政府強化皇民化政策的壓力下,限全臺報紙自4月起廢止中文,《臺灣新民報》也不得不在同年6月廢止中文的部分。昭和16年(1941年)2月21日《臺灣新民報》被迫改名為《興南新聞》,《興南新聞》受到的言論限制更勝以往。到昭和19年(1944年)3月26日,總督府強迫全島六家報紙〔註2〕統合為《臺灣新報》。自《臺灣青年》至《興南新聞》共二十五年歷史的臺人報業,就此告終。

法農在《黑皮膚,白面具》中提到:

> 說,不僅是在運用某種句法,掌握某種語言的詞態,甚至是在承受一種文化,負載一個文明的重量。〔註3〕

他引述達姆雷特與皮雄的說法:

> 所有的方言都是一種思考方式。而對新近抵達的黑人而言,採用一種不同於他所出生群體的語言,也就展現了一種距離、一種區分。
> 〔註4〕

當部分臺灣人在接受殖民同化教育後,他們認知到:唯有能夠流利的使用日語,才能讓自己更趨近於文明的一方,擺脫野蠻的陰影。而頻繁的日本內地旅行,更加深了這種追求文明的渴望。但是《臺灣民報》與《臺灣新民報》(以下簡稱《臺灣民報》系統)卻跳出這種殖民語言的情結,而以漢文書寫,這就代表著這些參與報紙寫作或閱報的臺灣人,對自我漢民族身份的認同。這也讓《臺灣民報》系統在眾多出版品中,別具特色。以下筆者將以臺灣形象塑造的觀點,檢視《臺灣民報》系統中的臺灣形象。

二、對臺灣形象塑造的渴求

在大正14年(1925年)9月6日的《臺灣民報》上,一篇名為〈所謂臺灣宣傳〉的短文中,對殖民者向內地宣傳臺灣的方式,提出批評:

> 臺日報常常出一種內地號,說是宣傳臺灣的事情於內地。我們屢次

〔註2〕 分別是《臺灣日日新報》、《臺灣日報》、《興南新聞》、《臺灣新聞》、《高雄新聞》、《東臺灣新報》。
〔註3〕 法農,《黑皮膚,白面具》,頁75～76。
〔註4〕 法農,《黑皮膚,白面具》,頁84。

> 看他一味的將臺灣的短處盡情，且更加形容的宣布出來，而未嘗看
> 見他將臺灣的固有文化之美宣傳一點，又未嘗看見他將現在已大進
> 步了的臺灣文化，臺灣事情介紹一點，由此可見他的用心之壞了。
> 我們臺灣由這種人給介紹、宣傳、實在糟糕！〔註5〕

文中對《臺灣日日新報》加強對內地人宣傳臺灣短處，而隱瞞臺灣文化之美的作法，深表不滿。可見得臺籍知識份子深切瞭解到，自我被殖民官方在日本內地宣傳的負面形象，而這種宣傳手法讓他們難以接受。

　　在無法滿足於官方系統的宣傳手法後，臺籍知識份子開始在得以發聲的管道，發表能夠正面表達臺灣印象的需求。一篇登載在《臺灣民報》討論詩學流行價值的文章，除了感慨殖民統治者利用詩作來頌揚自我功績的行為外，更提出將臺灣風土入詩的希望：

> 眞正的詩是什麼東西呢？我簡單說一句，不外「心畫心聲」的表現
> 吧。我們不論對著自然，和對著人生的觀察，我們的心坎底感著深
> 刻地要表現的，拿文字的工具而表現出來的聲韻就是了⋯⋯要產生
> 有價值的文學不消說要表現強大的地方色彩（local color）的，如像
> 蘇格蘭文學、愛爾蘭文學等的鄉土藝術，個性愈明亮而價值愈高昇
> 的，才是現代的之活文字。在臺灣有什麼詩人會描寫著臺灣的風景、
> 空氣、森林、風俗、人情和老百姓的要求沒有？我們不得不盼望白
> 話文學的作者的將來，務要拿臺灣的風景為舞臺，臺灣的人情為材
> 料，建設臺灣的新文學，方能進入臺灣文化的黎明期。〔註6〕

作者利用詩是用以表現「心畫心聲」的質性，期望當時的臺灣詩人能將眞正屬於臺灣風土文化的素材，寫入詩中，建立如蘇格蘭或愛爾蘭具有強烈地方色彩的鄉土藝術。

　　而如此殷殷期盼的文字，不只出現一次：

> 臺灣鄉土藝術之發生。是所不能緩。有心人之企望。有似大旱之望
> 雲霓。從來唯有黃土水君之雕刻。差強人意。我想不但雕刻。還需
> 從文藝作品上。發見純粹之臺灣藝術。若能將社會苦。編入作品中。

〔註5〕　〈所謂臺灣宣傳〉，《臺灣民報》第69號，1925年（大正14年）9月6日，頁7。

〔註6〕　〈詩學流行的價值如何〉，《臺灣民報》第73號，1925年（大正14年）10月4日，頁1。

　　猶爲難得。余不肖、敢與各處隱匿之無名同志。同努力於此方面也。
〔註7〕

討論的範圍從前文提到的詩，雕塑作品和文學作品外，更涉及到屬於一般大眾較常接觸的民謠：

　　「民謠」這個名詞的概念怎麼解說呢？周作人先生所引英國吉特生
　　（Kidson）底話「民謠的東西，我們大概可以這樣說，把一種大家
　　公共的感情（或是對手一種傳說的感情，或是對於一件時事的感情，
　　以及其他等等）用聲音自然的語言──文字表現出來的東西……在
　　民國七年自周作人先生提倡歌謠後，文藝壇上對於歌謠也漸漸注意
　　研究，這點在我們臺灣是絕對沒有人注意到，實在表現地方色彩的
　　文學、描寫固有的風俗習慣，人民生活的寫照等，由民謠中可以找
　　出好多的資料。這項工作在臺灣很少人去努力，實在是一般研究文
　　學的人所不可輕輕忽略的事情。〔註8〕

從以上的引文可知，臺籍知識份子在無法認同自我在官方系統下被塑造的形象後，進一步提出相對的因應之道。他們希望能透過文藝作品，將屬於臺灣的特色融入其中，表現出強大的「地方色彩」。在如此崇高的理想下，我們必須檢視幾件事情，一爲「地方色彩」的屬性；二是臺籍知識份子所希望的臺灣形象爲何？三是受到社會主義影響的形象思維。

　　先就「地方色彩」的屬性而論，「地方」是相對於「中央」而存在的，所謂的「地方色彩」就是站在中央的角度，體察各地區的特色，例如我們常常可以在《臺灣日日新報》上看到「地方色」的小專欄，裡面的內容都是在介紹日本帝國內各個地區的特色。在日本殖民統治時期，中央就是殖民核心，因此「地方色彩」是以殖民者的角度所提出的概念。

　　而臺籍知識份子在不滿官方宣傳的形象後，提出要創作帶有臺灣風土特色的文藝作品，但是他們在面對此一課題時，選擇以「地方色彩」做爲創作的方向，這種思考無疑是落入殖民者的思維模式中。因此就算臺籍知識份子積極地從事「地方色彩」的創作，所表現出來的臺灣形象，仍是由殖民者的角度出發。

〔註7〕 許三郎，〈綴卷錄〉，《臺灣民報》第86號，1926年（大正15年）1月1日，頁15。
〔註8〕 〈民眾文藝的民謠〉，《臺灣新民報》，1930年（昭和5年）8月2日第六版。

　　再者，臺籍知識份子所希望呈現的臺灣形象為何？從上述引文中，可以瞭解到臺籍知識份子，希望透過文藝作品傳達的臺灣包括自然與人文兩個面向。自然的部分有風景、空氣、森林等；人文的部分則有固有的風俗習慣、老百姓的要求、人民的生活寫照等。這些文章雖然提出一些可參考的方向，但是並無確切點出各項所指的範圍為哪些？例如哪一種景致，才是值得被取材的風景？哪一種傳統風俗習慣，才是值得被展示、歌頌的？其中臺人許三郎的談論，或許可以給我們一點線索。許三郎認為臺籍藝術家黃土水的雕刻，是表現臺灣鄉土藝術的一個取向。許三郎沒有確切點明那件作品，是他心目中的代表作。因此我們或許可以透過黃土水為人所熟知的兩件作品《蕃童》與《水牛群像》來瞭解。這兩件作品，一件取材於原住民，另一件則取材於漢人社會，兩者是臺灣社會主要的構成，各具代表性。

　　原住民在殖民體系下本是野蠻的代稱，但《蕃童》卻以原住民孩童吹鼻笛的祥和場面出現，表現原住民被馴化的一面。而黃土水表示，《蕃童》是在如何呈現臺灣特色的思考下所完成的，他以被殖民者的身份，贏得了殖民者評審的青睞，可見得黃土水的選擇是正確的。一個兼具野蠻特質及趣味的意象，相當符合殖民者的胃口。而黃土水也談到自我對臺灣自然景致的喜好，卻鄙視傳統習俗文化的野蠻，而《水牛群像》雖然是以漢人農業社會為表現對象，但是他選擇呈現的是對臺灣自然景致的喜好，無涉於漢人傳統文化習俗的一面，這似乎也與黃土水鄙視漢人民俗傳統的心態相呼應。

　　《蕃童》與《水牛群像》都是順應殖民者品味，表現臺灣生活美好的面向。因此許三郎如認同這種烏托邦式的臺灣形象，或許是將眼光陷入殖民者的思維邏輯中。

　　但是，除了這些烏托邦式的臺灣形象，前述各段引文還提出了「老百姓的要求」、「社會苦」、「人民生活的寫照」這類社會寫實的取向。1920 年代初期共產主義在日本思想界掀起一股風潮，在東京的臺灣留學生也受到影響，進而將這股社會主義熱潮帶入臺灣。當時在臺灣的左翼團體，相當重視文藝作品的宣傳作用，〔註9〕而先前提到社會寫實取向的臺灣形象，就是順應此思潮而來。因此臺籍知識份子除了希望表現臺灣美好的一面外，也希望能將殖民地的生活情形，如實地融入在文藝作品中，以呈現官方宣傳系統中被隱匿的一面。

〔註9〕王昭文，頁 18～19。

在瞭解臺籍知識份子對臺灣形象議題上的思考與渴求後，我們要進一步探討《臺灣民報》系統中的臺灣形象為何？

三、《臺灣民報》系統中的臺灣形象

前文筆者曾論及，臺籍知識份子希望能入詩、入畫的臺灣特色，可分為自然與人文兩個面向，我們先從自然的方面討論。《臺灣新民報》在昭和 5 年（1930 年）8 月 30 日舉辦了以「日月潭」為主題的徵詩活動，得到相當熱烈的迴響，是除此之外，在《臺灣民報》系統中，就少有描寫臺灣景致的文章了。從這些數量稀少的遊記類型文章來看，張我軍在《臺灣新民報》中連載五回的〈南遊印象記〉裡敘述自己遊南臺灣的經歷，其中寫到：

> 本來我們都帶著雜誌預備路中看，但是因為想在途中找出什麼好風景來鑑賞，所以只靠著車窗往外看。沿途我向（按：應為「問」）L 女士有沒有新奇的景致，伊說沒有，我自己也覺得平凡。車過了鶯歌附近桃園時，培火氏問我有沒有指鶯歌時給 L 女士看，我陡然感到很失策，因為這一站只有這個鶯歌時最出色，而我卻忘了給伊說。……車將到新竹了，培火氏又站來，指著右邊一面的田園說，這是新竹平野，臺灣四大平野之一，你又不給 L 女士說明，你這個嚮導者未免太不親切了。其實我自己也不知道那就是新竹平野，培火氏太冤枉我了！〔註10〕

難得帶北京的女友來臺灣旅遊，卻無法及時將沿途經過的景點，介紹給友人，可見張我軍對故鄉土地的陌生，而這份陌生可能是來自於從小接受殖民教育的關係。在殖民教育中的臺灣形象是為凸顯殖民政府治績而存在，因此多著重在說明現代化建設與經濟產業的開發。在這種教育環境中教導出來的臺灣學童，對生活周遭的事物產生頓感，他們必須藉助殖民者的審美觀，尋找出臺灣自然之美，如果沒有評比的依據，即使在國外接受非殖民式教育的衝擊，仍有部分無法跳脫殖民教育的思維模式，張我軍於這篇文章的敘述，便是其中一個例子。

另外，臺人陳秋逢〈登阿里山雜記〉〔註 11〕的開頭在訴說前往攀登阿里

〔註10〕 張我軍，〈南遊印象記〉一～五回，《臺灣新民報》1926 年（大正 15 年）2 月 7 日 2 月 14 日、2 月 21 日、3 月 8 日、3 月 14 日。

〔註11〕 陳秋逢，〈登阿里山雜記（上）〉，《臺灣新民報》1931 年（昭和 6 年）5 月 23

山的動機，並非單純地嚮往阿里山的美麗風光而去，而是因為現下的臺灣社會生活悲苦，希望利用旅行來撫慰心靈。這種說法有點為賦新詞強說愁的感覺，臺灣景致無法因其本身的美好而存在，必須藉由社會生活悲苦，才能確立其存在的正當性。而身處阿里山中，當然能夠確實感受到阿里山的壯美，陳秋逢也寫下了他的讚嘆，但是有趣的是，他竟以王羲之〈蘭亭序〉中描寫的景象來比喻阿里山的美：

> 壯哉此山，偉哉此山，此山的山容很是漂亮……彷彿似六朝時代王羲之所做的蘭亭序所云，「此地有崇山峻嶺，茂林修竹，又有清流激湍映帶左右。」……在此山的風景算是被王羲之早早寫過了乾淨無遺。〔註12〕

阿里山的美在陳秋逢眼中，是依附傳統中國山水的美而存在，或許可以進一步說，臺灣景色缺乏主體性，需要依靠外地描述才能成為風景，但是外地風景就可以不假外求，正當而直接的存在。就這點，如果我們對照連載多回的林獻堂〈環球遊記〉〔註13〕或是菊先的〈新中國一瞥的印象〉〔註14〕，就可以明顯感受到臺灣主體性的缺乏。

再者，我們要談到人文的面向。在一篇名為〈臺灣人的生存權〉的社論中談到：

> 臺灣人的祖先們自三百年前，為要開拓新天地樹立生存權，由福建省的漢民族陸續渡海而來，造成這個美麗的臺灣。他們起初創業的時候，與生蕃、瘴癘、猛獸、毒蛇等等爭鬥，不知喪失了多少生命，打壞了多少身體！這樣那樣的犧牲者的確不少，勤勤苦苦的把一片的孤島、荒土，弄成了沃野千里、武陵桃源的世界。換句話說，帝國領臺以前的臺灣，乃是先民的血汗掙得來的，這個的大功勞大精神，我們一時一刻也不可忘掉才是。
>
> 前者有個內地人對我們說過：「自表面上（物質上）看來，臺灣總督府治臺的成功的基礎，站在臺灣農民的過去和現在的勤勉的結果，假使臺灣仍是一片的孤島，僅僅三十年治臺的功夫，那裡會達到今

日：〈登阿里山雜記（下）〉，《臺灣新民報》昭和 6 年 5 月 30 日。

〔註12〕陳秋逢，〈登阿里山雜記（下）〉。

〔註13〕林獻堂的〈環球一週記〉於 1927 年 8 月 28 日開始在《臺灣民報》上連載，共 89 回。第 90～152 回，自 1931 年 6 月 13 日在《臺灣新民報》上刊載。

〔註14〕菊仙（陳旺成），〈新中國一瞥的印象〉，《臺灣新民報》。

日的成績呢？」。我們聽了這句話，即時佩服他的高見，一意盼望在臺內地人們要徹底這個思想，就會喚起對本島人們加倍的尊敬了。〔註15〕

可見臺籍知識份子對漢人開拓臺灣的努力，是給予高度肯定的，並且希望這樣的想法能夠傳達給其他的臺灣人與殖民者，重新重視自我與被殖民者的重要性。但是當臺籍知識份子談論到文化層面的臺灣時，則表現得相當不以為然，我們可以從以下幾段引文，加以瞭解：

> 不管是誰，只要一開口談到臺灣的文化，就會說低級或進步緩慢之類的話，但是我也深有同感，如果將臺灣的文化與內地的文化相比較，誰都會贊同臺灣的文化比較低級的看法。〔註16〕（彭永海）

> 臺灣自風景上說，是美麗島，自風俗上說，卻是迷信島。〔註17〕（〈迷信島〉）

> 由臺灣史上看來，實在過去三百年間的臺灣開拓，多是優劣強弱的鬥爭劇場，還不暇造成真文化出來，如果說文化，若不是由漢族三千年傳來的舊文化，就是最近由外界移入的一九三〇年代由臺灣史上看來，實在過去三百年間的臺灣開拓，多是優劣強弱的鬥爭劇場，還不暇造成真文化出來，如果說文化，若不是由漢族三千年傳來的舊文化，就是最近由外界移入的一九三〇年代式的新文化，至於臺灣的過去歷史是有生存競爭的武化，實在尚未有嚴格高尚的文化。〔註18〕（〈臺灣有什麼文化？〉）

當臺籍知識份子在鼓勵將臺灣人文風俗入詩、入畫時，這些傳統風俗的形象是美好、值得頌揚的。但是當他們直接觸及臺灣文化風俗等題材時，卻表現出鄙夷的態度，在臺籍知識份子眼中，臺灣的文化程度是低下的，民間的傳統信仰，是迷信不可取的。

其中一個例子為始政三十年紀念日時，殖民政府為了營造全臺人民共襄盛舉的假象，將慶祝活動與媽祖遶境活動結合，許多參與活動的臺灣人，只知道當天是迎媽祖的活動，而不知始政紀念日這回事。在面對這種情況，臺

〔註15〕〈臺灣人的生存權〉，《臺灣民報》第69號，大正14年（1926年）9月6日。
〔註16〕彭永海，〈文化講演會と公益會との 軋に對する所感〉，《臺灣民報》大正12年（1923年）10月15日，頁27。
〔註17〕〈迷信島〉，《臺灣民報》大正14年（1925年）12月6日，頁8。
〔註18〕〈臺灣有什麼文化？〉，《臺灣新民報》，昭和5年（1930年）11月1日第2版。

籍知識份子除了批評殖民政府的愚民作法外，竟嚴厲指正臺灣人的宗教行爲：

> 迷信這種東西起可使他猖狂嗎？諸君對於迷信也許和我們抱著一
> 樣的見解，欲把他撲滅無遺的罷。……迷信是在野蠻社會特有的，
> 迷信的多少、深淺，也是評價文明程度的一種標準……諸位難道
> 不愛惜諸位血汗得來的錢嗎？諸位爲了三番幾次的熱鬧，不會招
> 致生活困難嗎？迎媽祖、拜城隍、建醮……等，諸位知道這是野
> 心家要害你們嗎？你們知道，建醮、迎媽祖、拜城隍，是迷信和
> 眞正的宗教差得很遠很遠！迷信不但於人類沒有利益，並且有害
> 人類文化的進步的，所以信迷信，在二十世紀的現代人看來，是
> 一種恥辱。〔註 19〕

當臺籍知識份子痛覺臺灣文化的低落與野蠻時，他們反而又回過頭來向
殖民者所代表的文明象徵靠攏，一篇談論臺灣人性格特質的文章中，就對後
藤新平貶抑臺灣人的看法，深表贊同，進而提出自我對臺灣人特性的見解——
—好戴高帽、貪財性、老鴛性、奴隸性，將臺灣人貶的一文不值。〔註 20〕當
臺籍知識份子所提到，希望傳達「地方色彩」的臺灣風景與人文習俗，均被
自己否定時，臺籍知識份子心中的臺灣形象應如何塑造，成爲一個無解的謎。

在《臺灣民報》系統中的臺灣形象是俗鄙的，無法獨立存在的。知識份
子雖意識到自我形象被殖民者醜化，卻又無法認同故鄉的本色，更以鄙視的
眼光對待。或許臺灣知識份子對於臺灣的扁損，是爲了要讓臺灣人民徹底地
瞭解其缺點，進而往文明的方向邁進。但是如此作法，似乎也透露出知識份
子對國外氣息的嚮往，藉由批評故土以凸顯自我進化，進而擠身進入文明的
殿堂。這樣的作法，似乎與建設臺灣「地方色彩」的立意背道而馳，粗鄙而
不被認同的臺灣鄉土文化，如何能融入文學或藝術作品中呢？成爲一種遙不
可及的理想。

既不滿殖民政府的宣傳手段，又無法認同故鄉土地，日本殖民統治中期
的臺灣人正在各地尋找自我認同的形象。

〔註 19〕〈論評——看了稻江、萬華的迎神賽會作的〉，《臺灣民報》，大正 14 年（1925
　　　　年）7 月 19 日，頁 3。

〔註 20〕四筌，〈臺灣人的幾個特性〉，《臺灣民報》，大正 15 年（1926 年）3 月 21 日；
　　　　四筌，〈臺灣人的幾個特性（續）〉，《臺灣民報》，大正 15 年（1926 年）3 月
　　　　28 日。

第二節 《文藝臺灣》與《臺灣文學》中臺灣形象的比較

　　昭和 12 年（1937 年）蘆溝橋事變爆發後，臺灣島上的文學活動頓時間陷入停滯的狀態，直到昭和 15 年（1940 年）1 月 1 日《文藝臺灣》創刊前的兩年半時間，除了《臺灣新民報》上的一些企畫之外，沒有其他的文學活動或文學雜誌的發行。〔註 21〕《文藝臺灣》是事變後第一個綜合性的文藝雜誌，其組成以日人作家為主。隔年，另一個以臺人作家為主要組成份子的《臺灣文學》創刊。此兩份雜誌為 1940 年代初期重要的民間文學出版刊物，由於編輯立場不同，臺、日作家依自我理念參與此兩本雜誌，展開一連串的論戰。就此兩本雜誌的形成與各自的編輯立場，已有豐富的前人研究，〔註 22〕在此僅作簡單說明。

　　昭和 14 年（1939 年）8 月當時任職於《臺灣日日新報》學藝部的西川滿籌組「臺灣詩人協會」，此為全島性的文藝組織，邀集日臺雙方作家加入，但是主要仍是以日人為主。「臺灣詩人協會」在昭和 14 年（1939 年）底改組為「臺灣文藝家協會」，於昭和 15 年（1940 年）1 月發行日文雙月刊《文藝臺灣》。雜誌的內容包括小說、新詩、隨筆、文學評論、民俗風土採訪、素描和版畫等作品，而非純粹的文學雜誌。〔註 23〕

　　《臺灣文學》的創辦，則是由於參與《文藝臺灣》編輯工作的黃得時、張文環、中山侑等人，與西川滿主導的編輯風格與理念不合，因此退出《文藝臺灣》，另組「啓文社」，發行《臺灣文學》季刊，重新凝聚臺灣人作家，並以臺灣文化傳承者自居。內容也包括了小說、新詩、文學評論，並介紹當時臺灣的美術、音樂、戲劇等活動，也介紹漢文作品。〔註 24〕

〔註21〕黃得時，〈輓近の臺灣文學運動史〉，《臺灣文學》第 6 號，昭和 17 年（1942年）10 月，頁 6。

〔註22〕王昭文，《日治末期臺灣的知識社群（1940～1945）──《文藝臺灣》、《臺灣文學》及《民俗臺灣》三雜誌的歷史研究》，清華大學歷史所碩士論文；柳書琴，《戰爭與文壇──日據末期臺灣的文學活動（1937 年 7 月～1945 年 8 月）》，臺灣大學歷史學研究所碩士論文，1994；李文卿，《殖民地作家書寫策略研究──以皇民化時期《決戰臺灣小說集》為中心》，暨南大學中國語文學碩士論文，2000 年等都是。

〔註23〕王昭文，《日治末期臺灣的知識社群（1940～1945）──《文藝臺灣》、《臺灣文學》及《民俗臺灣》三雜誌的歷史研究》，頁 33。

〔註24〕李文卿，《殖民地作家書寫策略研究──以皇民化時期《決戰臺灣小說集》為

　　前有論者以爲《文藝臺灣》與《臺灣文學》分家的原因，是由於對「外地文學」（「外地」指日本內地以外的地方）的看法不同所造成的，〔註25〕這種說法被後來的研究者做了相當程度的修正。〔註26〕在《臺灣文學》創刊之前，《文藝臺灣》是當時唯一的綜合性雜誌，因此一成立，馬上聚集了各方人馬，一時生氣蓬勃。但也因爲如此，在未有統一信念的情況下，內部成員對《文藝臺灣》的編輯方向異聲四起，部分文學者欲從該團體脫離另起爐灶，《臺灣文學》與《民俗臺灣》就是從中脫離出來的例子。但是對「外地文學」的相異看法，的確也在兩雜誌之間引起一連串的論辯，同時也影響著雜誌編輯的方向。

　　《文藝臺灣》與《臺灣文學》彼此衝突的原因，雖然不能簡單的以日人與臺人作爲主要的組成份子來區分。但是日人與臺人對於臺灣風土的描繪，必有相異之處。因此本章藉由「外地文學」的觀點，以《文藝臺灣》與《臺灣文學》作爲討論的主軸，探討臺人與日人對於臺灣形象建構的差異。

一、《文藝臺灣》中的臺灣形象建構

　　《文藝臺灣》的主要組成份子爲在臺第二代的「灣生」（即日本在臺第二代），其作品主題多圍繞在臺灣風景與漢人傳統習俗上面打轉，例如立石鐵臣的〈臺南通訊〉〔註27〕，就是將其到臺南旅遊沿途的景致，描寫得相當引人入勝，再加上簡單的插圖說明，讓讀者不僅在流暢的文字中，感受到神遊臺灣的樂趣，在視覺上也可獲得滿足。在傳統民間習俗的部分，則多以專題介紹的方式，例如萬造寺龍的〈臺灣與虎〉，〔註28〕就將臺灣人對虎的信仰，介紹得鉅細靡遺，並且將其與日本的虎信仰作簡單的比較，讓內地讀者可以較

　　　　　中心》，頁14；王昭文，《日治末期臺灣的知識社群（1940～1945）──《文藝臺灣》、《臺灣文學》及《民俗臺灣》三雜誌的歷史研究》，頁34。
〔註25〕王昭文，《日治末期臺灣的知識社群（1940-1～945）──《文藝臺灣》、《臺灣文學》及《民俗臺灣》三雜誌的歷史研究》。
〔註26〕柳書琴，《戰爭與文壇──日據末期臺灣的文學活動（1937年7月～1945年8月）》，臺灣大學歷史學研究所碩士論文，1994年；橋本恭子，《島田謹二《華麗島文學志》研究──以「外地文學論」爲中心──》，清華大學中國文學研究所碩士論文，2003年。
〔註27〕立石鐵臣，〈臺南通訊〉，《文藝臺灣》第七號，昭和15年（1940年）3月1日，頁80～87。
〔註28〕萬造寺龍，〈臺灣與虎〉，《文藝臺灣》第七號，昭和15年（1940年）3月1日，頁88～90。

為容易的瞭解臺灣的虎文化。

從這種現象看來，灣生似乎因為熟悉臺灣的事物，因此可以隨意運用臺灣既有的素材，創作具有異國情調的作品。其實並不然，例如西川滿除了大學時代六年的時間不在臺灣之外，其餘大部分的時間都在臺灣生活，臺灣對他而言等於是第二個故鄉，臺灣的一切，在這些灣生的眼中，並非充滿「異國情調」。灣生不同於一般容易對臺灣風土感受到異國趣味的旅遊者，因此他們必須審慎的挑選臺灣特有的素材，重新將臺灣當作充滿異國情調的地方，發覺臺灣的美麗，以引起日本內地與同樣居住於臺灣讀者的興趣。但是這種經過挑選營造出來的異國情調，不同於一般觀光文學式的「異國情調」，一般來臺觀光者所描寫的臺灣，多是描寫搖曳的椰子樹或紅色家屋之類的外部描寫，對於較為深刻的文化習俗方面，則少有提及。但是《文藝臺灣》內，則有許多關於深入描寫臺灣、介紹臺灣傳統民間習俗的文章。

灣生拋棄一般觀光遊記式的寫作方式，尋找自我認為更具「異國情調」的素材創作，一方面是為了引起同是居住在臺灣讀者的興趣，另一方面或許是因為他們在故鄉認同上出現疑問。對灣生而言，一邊是日本，另一邊是臺灣。日本的種種對他們而言，已經相當陌生，臺灣的一切才是他們所熟悉瞭解的。他們希望能夠擺脫這兩種認同的限制，進一步發展出屬於他們的故鄉認同。〔註29〕此時一方面作為前進南方的跳板，另一方面又急於內地化的臺灣文壇，給予灣生很好的發揮空間。他們藉由塑造臺灣鄉土特色的形象，凸顯自我在兩地間的特殊角色，並提供內地讀者想像殖民地臺灣的空間。

再回到素材選擇的部分，就《文藝臺灣》而言，西川滿可說是最重要的催生者，不管在編輯或是經費籌措方面，他都是首要人物，因此西川滿對《文藝臺灣》的編輯態度，主導了此雜誌的走向。西川滿對自己的寫作方式，做了以下的解釋：

> 討厭寫實主義的我，提筆寫一篇故事時，頂多是查閱文獻資料，絕
> 不會親自走一趟去調查。憑一知半解寫作之前，如果先看到或聽到
> 什麼，就會削弱想像力，喪失詩情畫意。〔註30〕

〔註29〕萬波おしえ、遠藤太郎，〈故鄉と第二世の問題〉，《文藝臺灣》第七號，昭和
　　　　15 年（1940 年）3 月 1 日，頁 103～105。
〔註30〕轉引自柳書琴，《戰爭與文壇──日據末期臺灣的文學活動（1937 年 7 月～
　　　　1945 年 8 月）》，頁 77。

因此對西川滿而言，臺灣的一草一木都是他寫作的素材，他將這些具有濃厚臺灣色彩的素材，加入其杜撰的小說中，讓讀者感受到屬於臺灣的「異國情調」。但是這些素材是否以其既有的脈絡來呈現，就不一定了。因此西川滿所使用的臺灣素材，變成一個個脫離脈絡的物件，可以任意安插在他想要的部分。

並非《文藝臺灣》中的每位作家，都贊同使用向西川滿這種浪漫式的寫作方式，西川滿的好友島田謹二就強調以寫實主義的書寫「外地文學」。他認為觀光遊記式的作品，僅在「描寫外地風俗的外皮表象，以娛不知外地真相的內地讀者，藉此沾沾自喜」，唯有「捕捉外地的特異風物、描詠外地生活者的特有心理，而有卓越藝術價值者，才是真正的『外地文學』」〔註31〕而臺灣則是其發展「外地文學」的基礎：

> 臺灣文學作為日本文學的一翼，其外地文學──特別是作為南方外地文學來進行，就在這點上是有意義的吧。與內地的風土、人、社會相異之處──那裡必然會產生與內地相異而有特色的文學。這種擁有相異性的文學，就稱之為外地文學，這一名稱在西歐也逐漸為學界所採用。對我們日本人而言，臺灣與朝鮮及其他，正是所謂的外地。南方的外地──這也就是臺灣作為日本文學一翼所持的特殊意義。〔註32〕

臺灣作為日本的外地，文學家有必要將外地的特色介紹給日本內地的讀者知道，島田謹二認為外地文學的內容，應該包括「廣義的鄉愁文學、外地景觀描寫的文學、解釋民族生活的文學」〔註33〕，因此就以外地文學為定位方向的《文藝臺灣》而言，描寫外地（臺灣）景觀與當地生活狀況是必須的。而之前提到島田謹二認為以寫實的手法寫作才是真正好的外地文學作品，但是他並未強調非用寫實的方法達到「異國情調」不可，他同時也欣賞西川滿的浪漫主義式的寫作方式。因此《文藝臺灣》所營造出來的臺灣形象，是經過挑選過的，含有虛構的成分在其中。

「如果將外地的『景觀描寫』置於殖民地主義的文脈中，就會產生極其

〔註31〕島田謹二，〈外地文學研究の現狀〉，《文藝臺灣》創刊號，昭和 15 年（1940年）1 月 1 日，頁 40～42。

〔註32〕島田謹二，〈臺灣の文學的過現未〉，《文藝臺灣》第八期，昭和 16 年（1941年）5 月 20 日，頁 13。

〔註33〕同上註，頁 20。

政治性、策略性的意義。臺灣的自然和風景被書寫爲文本，在一而再地反覆使用過程中，漸漸成爲內地日本人認識和理解新領土的既定程式。新獲得的陌生風景，透過異國情調的文學作品，不久之後轉變成爲熟悉的風景，最後紮根於人們的意識裡。」〔註34〕橋本恭子爲「外地文學」的寫作方式所造成的影響，下了相當好的註解。《文藝臺灣》所營造出來的臺灣形象，讓從未到過臺灣的內地日本人，過足了想像臺灣的乾癮。

　　昭和15年（1940年）3月的《文藝臺灣》中，刊載了以對本雜誌所刊作品的想法與對本雜誌的感想爲主題的讀者來函，其中部分讀者提到閱讀《文藝臺灣》是他們對臺灣想像的素材：〔註35〕

> 以充滿鄉土色彩的《文藝臺灣》，想像還未見過的臺灣。每次看到美術編輯都相當高興。（丹羽文雄）

> 《文藝臺灣》內容外觀（封面、畫等）都充滿濃厚的（臺灣）風土色，這不是模仿得來的，我覺得這是地方文化的意義。（岡本　潤）

> 總之對我來說，因爲並不知道臺灣的氣候與風土，以臺灣爲背景的研究與作品，請讓這樣的《文藝臺灣》繼續生存下去。（川上澄生）

> 一次也沒去過臺灣，因此抱持著這種憧憬閱讀此雜誌（《文藝臺灣》）。（土岐善麿）

> 臺灣這塊豐富的土地，貴雜誌提供了種種的想像，讓我感到很有趣味。（綱野　菊）

由以上的讀者回響可知，《文藝臺灣》成功地強化了臺灣與日本內地的差異性，甚至在封面或內文插圖的搭配，都讓讀者感受到濃濃的臺灣味。讀者也對此種型態的雜誌感興趣，閱讀《文藝臺灣》成爲瞭解或想像臺灣風土的最佳方式之一。

　　編輯者採取「外地文學」的走向描繪臺灣，而日本內地讀者也藉此一覽殖民地風光，就在雙方相互配合下，《文藝臺灣》記錄了關於臺灣的種種，尤其是風景與民俗的描寫。第十一期《文藝臺灣》中的〈新版臺北風物圖繪〉，不同的作者分別選定關於臺北的主題，記錄下自我對其的主觀印象。作家們

〔註34〕 橋本恭子，《島田謹二《華麗島文學志》研究──以「外地文學論」爲中心──》，頁131。

〔註35〕 〈諸家芳信〉，《文藝臺灣》第七號，昭和15年（1940年）3月1日，頁60～74。

不僅對臺北的景致有興趣，對於民間小吃與服飾也有深入的觀察。讀者透過這些描寫生動的文字與簡單易懂的插圖，彷彿真的踏上臺灣的土地，品嚐起臺北的小吃來了。

《文藝臺灣》塑造了一個平易近人、風光明媚的臺灣。這樣的臺灣是屬於漢人的臺灣，漢民族的習俗、日常生活與傳統建築等，都是作家記錄的對象。但是筆者想進一步問，那些原本一再被官方宣傳系統強調的恐怖原住民形象何在？難道讀者們不想知道那些相對漢人而言，更令他們感到神秘的原住民生活嗎？在先前提到的眾多讀者來函中，也未有類似的建議提出。

其實在《文藝臺灣》中有一些描繪原住民的插圖，但多是一些沒有說明的單張圖繪（圖 3-2-1 和圖 3-2-2），要不就是與文章內容無關的插圖（圖 3-2-3）。也有將些許原住民角色，融入小說故事裡，但是詳細以原住民為主題論述的文章，則幾乎沒有。所以在《文藝臺灣》中的原住民形象是平面的，缺乏文化厚度的。如果一位想藉《文藝臺灣》多知道一些關於臺灣原住民的內地讀者，他可能僅能得到一些平面的圖像，對於瞭解原住民的生活形態，則無多大作用。因此原住民也成為《文藝臺灣》使用的符號之一，他們存在的作用，僅是增加整本雜誌的可看性，提供讀者更多想像臺灣的方式而已。

圖 3-2-1　宮田彌大郎〈家族〉　　圖 3-2-2　宮田彌大郎〈乾杯〉

圖 3-2-3　與文章內容無關的原住民樣式插圖

　　前文提到《文藝臺灣》裡有許多充滿臺灣味的插圖，讓讀者從封面開始就感受到濃厚的異國情調。之後，西川滿將其中立石鐵臣與宮田彌太郎的版畫挑出，搭配文藝臺灣社所屬作家的文章，〔註 36〕命名為《臺灣繪本》，於昭和 18 年（1943 年）1 月出版。〔註 37〕繪本的封面與封底，就充滿了濃濃的臺灣味（如圖 3-2-4 和圖 3-2-5）。值得注意的是，封面與封底設計，並無出現官方出版物中常見的具熱帶風情的風景畫表現，而是由一個個單獨的符號組成。〔註 38〕

　　這些符號分別代表著殖民官方、漢人、原住民文化與自然環境。原住民的部分最為模糊，僅以簡單的圖騰表示；漢人文化的部分佔大多數，包含傳統建築的窗型、器具、水牛等；殖民官方則以近代化的火車頭與偉人雕像方式呈現。相對於殖民者，被殖民者的形象僅以象徵性的手法表現。因此對於

〔註 36〕　《文藝臺灣》第四卷第 2 號，頁 8。
〔註 37〕　西川滿編，《臺灣繪本》，（臺北：東亞旅行社，1934）。
〔註 38〕　廖新田曾就殖民官方常使用於表現臺灣的熱帶符號，作深入的探討，這些符號包括椰子樹、芭蕉樹、檳榔樹等。廖新田，〈從自然的臺灣到文化的臺灣──日據時代臺灣風景圖像的文化表徵探釋〉，《歷史文物》第一百二十六號，2004 年 1 月。

編輯者而言，他們想呈現給讀者的臺灣，只是意象中的臺灣，並非實質的臺灣。臺灣的形象僅由一個個充滿暗示性的符號組成，它不是完整的，是用拼湊出來的。並且殖民者與被殖民者間的上下關係和文明程度，也以火車頭與偉人雕像的方式表現得非常清楚。

圖 3-2-4　《臺灣繪本》封面　　　圖 3-2-5　《臺灣繪本》封底

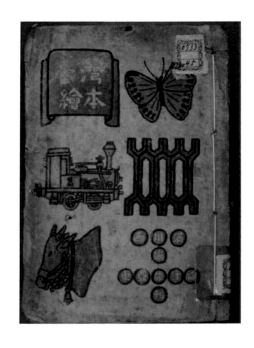

　　《臺灣繪本》中的插圖，都是從《文藝臺灣》眾多表現臺灣的圖像中挑選出來的，所以這些圖像可以說是編輯者想要呈現給讀者的臺灣形象。這樣的形象，其實與《文藝臺灣》所表現的基調類似，著重在說明臺灣的人文傳統與自然特色。而不管在《臺灣繪本》或是《文藝臺灣》，一直被官方出版物強調的以椰子樹爲代表的熱帶形象並無出現。這或許和之前提到的灣生認同問題有關，灣生爲追求新的鄉土認同方式，因此努力塑造出一個不同於殖民官方的臺灣形象，他們撤棄一貫的熱帶形象、原住民原始形象，而著重漢人習俗傳統介紹，藉此營造出自己心目中的新臺灣形象。或者說，創作取材與日常生活密切相關，因此漢人文化爲取材的主體，對於原住民較無親近的機會，也因爲如此對原住民題材的疏離，與對漢人文化的深入，似乎恰巧地填補了日本內地人對臺灣形象想像中空缺的一塊。

這樣的臺灣形象，的確讓眾多《文藝臺灣》的讀者獲得一種想像臺灣的新方向，但並非說服了所有的讀者。一篇讀者來函中就提到：

> 我深感興趣的閱讀著充滿濃郁南方神秘氣息的《文藝臺灣》，但是這種神秘的氣息，例如版畫的表現，是否就代表今日臺灣的文化，我對此抱持著疑問的態度。〔註39〕

雖然如此，但是《文藝臺灣》的確在「外地文學」的訴求下，塑造了一個不同於殖民官方的臺灣形象，這個「臺灣」是充滿漢人傳統文化的臺灣，擺脫蠻荒未開與積極推動現代化的形象，而形塑一個是屬於灣生世代眼中的臺灣形象。

二、《臺灣文學》中的臺灣形象塑造

前文提到事變之後，《文藝臺灣》是第一個綜合性的文藝雜誌，一時眾家雲集，抱持不同理念的人紛紛湧入，熱鬧非凡。之後也因為如此，讓一些與西川滿為主的編輯理念不合的作家，退出《文藝臺灣》，另組文藝團體，《臺灣文學》就是其中之一。《臺灣文學》既與《文藝臺灣》抱持著不同的創作理念，那麼他們的理念為何？其中黃得時與中村哲最常對此發表言論，他們的想法也影響著《臺灣文學》的走向。

就《文藝臺灣》以浪漫兼寫實的手法營造「異國情調」的部分，黃得時認為：如果為了進入中央文壇，而刻意使用具異國色彩的素材創作，這樣的作品或許能夠取悅從未到過臺灣的日本內地人，但卻蒙蔽了在臺灣生活的人們，如此對臺灣文壇的發展，不僅無益處，反而有害。〔註40〕他更進一步指出：作家必須要體認到臺灣文壇與社會的特殊性與價值，「對臺灣的歷史、地理是當然要瞭解的，從風土人情、政治、經濟、交通、產業、教育、以致於衛生，都要詳細調查，特別是在殖民地的臺灣的內地人生活、第二世的問題、對內地的鄉愁、和本島人接觸等問題，都必須細心注意。更有在過渡期中徬徨無助的本島農民的生活，和伴隨米作與蔗作的摩擦等問題，都要徹底研究並予以消化成為文學的素材」〔註41〕，所以他鄙棄那些為營造出「異國情調」

〔註39〕北園克衛，〈諸家芳信〉，《文藝臺灣》第七號，昭和15年（1940年）3月1日，頁61。

〔註40〕黃得時，〈臺灣文壇建設論〉，《臺灣文學》一卷二號，昭和16年（1941年）9月1日，頁3～5。

〔註41〕黃得時，〈臺灣文壇建設論〉，《臺灣文學》一卷二號，昭和16年（1941年）9

而刻意凸顯的紅色廟宇、家屋、城隍爺祭典、媽祖祭典等素材，這種素材看似有趣，卻無法確實打動人心。〔註42〕要不刻意塑造「異國情調」，卻能深刻地體會、呈現臺灣的各種面向，才是黃得時認為好的文學作品。

中村哲對黃得時的想法，抱持贊同的態度。他認為：

> 對於不應為滿足中央的好奇心，而寫作出具有異國情調的作品，應該從臺灣的現實生活中，自然產生的健康作品的期望深表認同……文化的異質性與風俗、人情相距甚遠的外地文學作品，與其他地方文學相比，當然會帶有異國情調。那樣的異國情調不是作家刻意營造出來的，而是以真摯描寫的精神，自然流露出來的情調。在現階段的臺灣文學，應該摒除刻意營造異國情調的創作意圖。〔註43〕

中村哲提出臺灣與日本內地的現實距離，所造成的不同文化，必然會有異國情調自然流出，非刻意營造。綜合黃得時與中村哲的看法，他們不同於島田謹二的部分在於，他們認為臺灣的特殊性源於臺灣本身的歷史因素所造成，而島田則強調臺灣作為日本外地的特殊意義。

就以上的論述可知，《臺灣文學》的作家們提倡以寫實的手法寫出具臺灣特色的作品，這些作品的主題範圍不限，但是在雜誌中極少看到有如《文藝臺灣》中關於臺灣風景或習俗的文章。如果有相關文章刊載，也多是日籍作家的作品，例如稻田尹的〈臺灣歌謠詮釋〉或今井繁三郎的〈臺灣服裝談義〉等。為何會出現這樣的現象？

原因之一在於位置的差異，日人與臺人分別是殖民者與被殖民者的相對角色，作為殖民者的一方，日籍作家可以一派清閒的以外來者的眼光，欣賞眼前的臺灣美景；相對於此，身為被殖民者的臺人作家，看到身陷同胞身陷壓迫的殖民統治當中，如此沈重的心情，讓他們無暇欣賞眼前美景，而必須思索如何藉文學的方式，為臺灣人民尋找心靈的出口。〔註44〕就這點，也可以對應《臺灣民報》系統所出現極少數臺灣風土描寫文章，多數討論臺灣人民權利文章的類似狀況，第二個原因，或許是因為《臺灣文學》的定位本來就不是為日本內地人而設立，作家們不需要刻意營造「異國情調」來討好讀

〔註42〕　月1日，頁6。
〔註42〕　同上註，頁7。
〔註43〕　中村哲，〈昨今の臺灣文學について〉，《臺灣文學》第二卷第一號，頁2～5。
〔註44〕　李文卿，《殖民地作家書寫策略研究——以皇民化時期《決戰臺灣小說集》為中心》，暨南大學中國語文學碩士論文，2000年，頁74～75。

者。這當然也與黃得時和中村哲的想法一致，作家們不需要積極地去尋找可以討好日本內地讀者的臺灣素材，而是反求確實存在於臺灣島上的深刻題材。

回到臺灣形象塑造的議題上，我們看到少有談論到臺灣景色、習俗的《臺灣文學》中所論及到的臺灣面向，也多集中在談論漢人社會的部分，原住民的生活幾乎不在《臺灣文學》作家們的關心範圍中。我們可以說《臺灣文學》中的臺灣形象，仍是殘缺不全的。

《文藝臺灣》與《臺灣文學》這兩本 1940 年代臺灣重要的文藝雜誌，在組成份子的差異之下，造成兩種面對臺灣風土的態度，這兩種態度，透過當時對「外地文學」的討論，漸漸成熟。兩本雜誌的編輯走向，也深深為此所影響。以灣生為主要組成份子的《文藝臺灣》，表現出人工化挑選過後的臺灣色；以臺人為主的《臺灣文學》，則以寫實的態度，尋找臺灣人民生活底層中，需要被注意的一面。

有趣的是，兩本立場相異的文藝雜誌，所表現的臺灣形象，都著重在漢人文化的部分。這點與官方宣傳出版物中，常出現的熱帶表徵符號，和一般日本內地人所熟知的野蠻臺灣形象，有相當大的差異。如此一方面表現出不同於刻板印象中的臺灣形象，同時也讓真正生活在臺灣的文藝家，有機會表現出他們所希望的臺灣形象。如此形象中隱匿或忽略了原住民在臺灣的事實，他們希望臺灣是個具有文化厚度的地方，並非只是一個充滿熱帶植物的蠻荒島嶼。但是從另一個角度來看，原住民之於灣生或漢人而言，又是一個充滿異國情調的部分，他們彼此間的距離，比臺灣本島和日本內地的距離更為遙遠。《文藝臺灣》以抽離脈絡的單獨畫面處理，《臺灣文學》則幾乎不談。《文藝臺灣》的方式，我們可以用原住民是個極具異國情調的素材來解讀其呈現的方式，但是對《臺灣文學》的疏離，則需要另闢專文加以探討，由於學力與篇幅的原因，在此先暫且割捨不談。

第三節　《民俗臺灣》中的臺灣形象塑造

《民俗臺灣》是另一本不滿《文藝臺灣》編輯理念，而另行創刊的重要刊物。其於昭和 16 年（1941 年）夏，先行組成「民俗臺灣社」，〔註45〕在同年 5 月，由金關丈夫、岡田謙、須藤利一、陳紹馨、黃得時與萬造寺龍等人

〔註45〕柳書琴，《戰爭與文壇——日據末期臺灣的文學活動》，頁 93。

聯名發佈〈《民俗臺灣》創刊之際〉（〈「民俗臺灣」發刊に際して〉）〔註46〕，籌備發行《民俗臺灣》，該年 7 月，《民俗臺灣》正式發刊。

　　在瞭解《文藝臺灣》與《臺灣文學》中所塑造的臺灣形象之後，本節欲進一步討論作為瞭解日本殖民統治末期研究臺灣民俗重要刊物的《民俗臺灣》，所呈現的臺灣形象為何？其中臺人與日人的角色定位為何？而臺人對於自我鄉土的關懷與認同又是透過何種方式呈現？

一、臺籍人士對《民俗臺灣》的響應

　　在〈《民俗臺灣》創刊之際〉中提到：〔註47〕

　　　一定要促進臺灣本島人的皇民化……為了要加速破除本島舊有的陋
　　　習弊風，讓島民享受更多近代文化的恩惠……同時另一方面，使原
　　　本沒有弊害的舊慣犧牲湮滅……然而，有記載及研究能力的文明國
　　　民，應該有義務記載、研究所見的現象。陋習歸陋習，弊風歸弊風，
　　　將其記錄加以研究不僅是國民的義務課題。

由以上的聲明可瞭解《民俗臺灣》編輯的基本立場，在於讓臺灣島民在皇民化的政策下，能回頭正視屬於臺灣的文化特色。但是這樣的聲明，為了隱藏反對積極皇民化的想法，轉而依附著當時的南進政策而論，希望將臺灣的民俗研究作為往後瞭解東亞民族的基礎。

　　如此的解釋，包含許多複雜心理層面的解釋。從政治面來說，日本殖民後期的臺灣政府，不斷藉由各種方式塑造並推銷臺灣現代化的進步成果，戰爭熱潮的推波助瀾下也加速了臺灣日本化的速度，但是《民俗臺灣》卻是一本標榜探討臺灣漢人民俗的雜誌。被視為非理性的漢人風土與現代化的進步設施根本無法放在同一個標準下比較，但是卻存在於同一個時空中。《民俗臺灣》的發刊宗旨中，以迎合政府政策走向的方法，將研究臺灣的動作形塑成舊慣調查的延伸與人民的義務。這樣的定義讓《民俗臺灣》具備雙重個性，一方面作為政府形成政策的基礎，另一方面將全民納入調查、研究臺灣漢人風俗文化的行列，讓形象缺乏理性的臺灣合理地納入以理性、進步為本的國家體系下。

　　《民俗臺灣》自昭和 16 年（1941 年）7 月創刊，直到昭和 20 年（1945

<hr />

〔註46〕〈「民俗臺灣」發刊に際して〉，《臺灣日日新報》昭和 16 年（1941 年）5 月。
〔註47〕同上註。

年）1月的第5卷1號為止，雜誌主要的走向為蒐集記錄臺灣漢人民俗文化資料，少有原住民的部分，為了區別於同時其以記錄原住民為主的雜誌《南方土俗》。在《民俗臺灣》創刊之前的1930年代中後期，民俗學與民族學分家，同時間在運作的是柳田國南在日本國內提倡的民俗學研究，這股研究民俗的風氣也影響著臺灣。隨著戰爭氣氛的高漲，臺灣人日化的情形也愈趨快速，在街道上原本被視作臺灣特色的紅色家屋，正迅速消逝。許多傳統的工藝技巧也漸漸隨著日化的深度、現代化的進程而銷聲匿跡。情況的加劇，讓許多在臺灣的日本民俗學家感到焦慮，希望能在過往熟悉的事物消失殆盡之前，能盡可能的用文字、圖畫、攝影保存下它們的身影。這種感覺帶些懷舊、帶些可惜、帶些對現代化的失落，希望返回過往純真時代的投射。

　　一場場尋找臺灣往昔的討論會，在1940年代展開，與會的人士有日本內地的重要民俗研究者，有臺灣知識分子，有在臺灣成長的日本第二代灣生。在視覺幾近全面日本化的年代，一股回溯臺灣文化主體價值的暖流，在強勢的政府作風下，緩緩的流動著。1934年配合東京民藝館館長柳宗悅來臺，舉辦了一場「生活與民藝座談會」，邀請的與會人士有大倉三郎（臺灣總督府營繕科長）、立石鐵臣（畫家）、金關丈夫（臺北帝國大學教授）、中村哲（臺北帝國大學教授），一場內地與在臺日本人的對話於是展開。他們討論的範圍包括臺灣古蹟的保存、都市發展的犧牲、民俗工藝的特色。例如談到都市開發現狀時：

　　大倉：過去在臺南有曾發生這樣的問題。說是城門會妨礙道路的通　　　　　行，或說很髒要把它拆除等等這樣的問題。因為已被指定為　　　　　史蹟名勝，故要求解除指定的事件，不過保存委員會說不行，　　　　　並且加以駁回。當然，不加以修理，長期久任其放置在那裡，　　　　　也是不對的。

　　　柳：從這樣的觀點來說，我還是希望大家努力。上次去彰化的時　　　　　候，聽說孔子廟最前面的門被削掉⋯⋯

　　大倉：那是因為道路通行的緣故，把它削成三角形。要是道路能繞　　　　　道多好。

　　　柳：不要過分地從物質性考慮，也要重視精神性，這樣的工作態　　　　　度比較好。

　　大倉：很遺憾，精神性文化性的東西與看法，總是力量很弱。

柳：要將這樣的文化精神留給後代。從這個意義來說，道路繞道
　　的做法會比較好的。

大倉：關於彰化孔子廟門這件事，聽説圖書館館長山中樵先生也提
　　　出很多不滿的意見，大力提倡不如將筆直的道路改成彎曲的
　　　比較有趣，結果還是未能實現。〔註48〕

　　與會者希望臺灣保有其原來的面貌，但是這與總督府的建設計畫與希望
背道而馳，在總督府發行的明信片或旅遊指南中，總是可以看到筆直的道路
的照片，但是在民俗學家的眼中，將就古蹟所在地，而繞行的道路開發，才
是他們心中具本土精神文化性的都市形象。這種帶點想像成分，有點與現實
需求相悖的文化保存概念貫穿整場座談會。

　　但是這種返回心中那塊溫暖淨土的出發點，並非全然出於愛護臺灣文化
的崇高精神，反而帶點醞釀已久的日本人種優越論：

金關：一般的想法或許認爲臺灣是中國的鄉村文化，沒什麼太大的
　　　價值，但是在華南地方，中國人究竟有沒有要保留這樣的建
　　　築物，我認爲相當值得懷疑。不久前我收到的來信提到，在
　　　廈門，有很多古老的建築物被破壞，這是多麼可惜的事！中國
　　　人本身也不能説是尊重本國的古老文物……。在此情況下，
　　　説不定將來的人會覺得幸好臺灣盡力保留下好建築來。

柳：中國人自己反而比較不在乎，無論怎麼説，還是本人有欣賞
　　物品之美的能力。要是沒有日本人的話，東方各種藝術品的
　　保護是很困難的。大倉：在戰爭最激烈時間，日本軍隊在佔
　　領地還盡心保存古老物品是很可貴的。

金關：在戰爭中，日本的軍人只要有一點空閒時間，就常常跑進去
　　　民家，賞玩香爐等等。而且部隊長等職位的人，在前線附近
　　　一帶照常蒐集古董之類，放在桌上賞玩，這種事很多。日本
　　　人比較懂得所謂風流品味吧！〔註49〕

　　因此回過頭來看，以金關丈夫爲首所發行的《民俗臺灣》可能包含的意
義時，便不會將這本紀錄臺灣民俗活動刊物的存在過度美化。但是，《民俗臺

〔註48〕〈生活與民藝座談會——以柳宗悦氏爲中心〉，《臺灣公論》1943.5；轉引自顏
　　　　娟英，《風景心境》，頁468。
〔註49〕同上註，頁469。

灣》文章的來源與其他雜誌有些不同,《民俗臺灣》將雜誌的研究工作開放給臺灣島上所有人一同參與,帶頭的幾位編輯群盡量少寫。在如此的編輯概念下,《民俗臺灣》開創了一個臺灣形象多元交混的空間,臺灣人、灣生、在地日本人等多樣身份的人們,帶著自我的觀察角度,寫出眼下的臺灣樣貌。

　　《民俗臺灣》與先前提到《文藝臺灣》描寫臺灣的方向不同,根據金關丈夫的回憶:

> 這雜誌創刊的動機,是當時臺灣日日新報上,西川滿君因為對臺灣的民俗有興趣,時常寫些有關臺灣的東西刊登,這西川君太偏重外國情調,誤以那就是民俗學的一端。這西川君派下有個人叫池田敏雄,這個人和別人有點不同,蒐集了很多種類的文獻和資料,從這一點來說,或者是他最接近民俗學,而且他有事務才幹……自從和他認識後,就覺得或者啟用了他,可以出版一本雜誌來……本來西川君自以為自己才是民俗學者,因為這本雜誌竟和我們破裂,分手起來。〔註50〕

　　西川滿過度營造臺灣異國情調的作風,讓部分在臺日本人感到不滿,如此也給予臺灣形象論述另一種可能性,便是將臺灣形象的主導權開放給民眾,這也就是《民俗臺灣》能在戰時非常時代,存活的原因。金關丈夫說道:

> （西川滿）看見創刊號,就大笑起來,說這樣的雜誌成個什麼樣子,不久就會倒下去。可是他的話卻沒有說中,雜誌不但沒倒,還一直繼續到戰事將近尾聲的時候,這實在是意料之外的是。假使我對那本雜誌有什麼貢獻的話;那就是我對民俗學雖然有興趣,但是沒有高深的知識和研究,換句話說,也就是沒有整套的看法和先入為主的觀念,所以很容易接受人家的東西,自然投稿者也可以隨便投稿。這麼一來,編出來的雜誌,也就成為具有多彩多變化的東西。這也是使雜誌能夠長久繼續的原因,反倒有良好的結果。〔註51〕

　　《民俗臺灣》呈現的不只是文字上的臺灣,還有圖象上的臺灣。灣生畫家立石鐵臣負責每期的插畫,並且每期在「臺灣民俗圖繪」的專欄中,都會將自己看到的臺灣民間有趣的景象或習俗畫下,並寫上自己的想法,十分有

〔註50〕〈臺灣民俗研究的回顧——金關丈夫博士歡迎座談會〉,《民俗臺灣（一）》,臺北:武陵,1995,p.12。
〔註51〕同上註。

趣。在立石鐵臣的敏銳觀察下，臺灣民俗在他的筆下，鮮活了起來，他記錄民俗活動，也記錄民間日常用品，親近人民真實生活的圖畫，深受臺灣民眾的喜愛。

《民俗臺灣》標榜蒐集並記錄臺灣相關的民俗資料，且不單單僅限於民俗，還包括鄉土歷史、地理、自然等方面的記載，但是整體看下來，仍以民俗相關的文章佔大多數。文章的類型包括了民俗資料的蒐集、專題研究、文獻介紹、書評及問答等，其中以「亂彈」為名的專欄，最具特色。編輯者鼓勵讀者發表有關臺灣風俗習慣的短文，讀者反應相當熱烈，之後，第十一期起改稱為「點心」。這樣短文的專欄形式，讓對臺灣民俗相關議題有意見的人，都可以透過簡短的文字發表自己的看法，提供給所有有興趣研究的人士共同討論臺灣民俗的平臺。

《民俗臺灣》與來臺日籍遊客，以讚頌臺灣美景的方式有很大的差別。對異地景色的描述，是遊客入臺第一印象的呈現，僅限於平面的觀察。椰子樹、水牛、紅色家屋等都是一再被遊記或官方出版物所引用。這些個別的物件，在不斷重複使用後，儼然成為形塑臺灣異國情調慣用的符號。《民俗臺灣》的研究，則是將平面的符號深化，還原各符號原始的文化脈絡，深刻的探討紅色家屋下發生的種種。這樣深化的工作，並非僅由身為殖民者的日籍人士單方面進行，臺灣人也參與其中。當臺灣人真正參與民俗活動的蒐集、研究時，其本身就已意識到自我在殖民帝國中的特殊位置，不管這種意識是否具有民族色彩，都是在為導正被過度平面化的臺灣形象而努力。對臺灣土地的認同，並非泛泛的歌詠臺灣景致，而是透過一篇篇內容紮實的研究文章，慢慢累積出來。

第四章　臺灣美術展覽會中的
　　　　臺灣形象表現

　　舉辦的臺灣美術展覽會（簡稱「臺展」）於昭和 2 年（1927 年）舉辦，幾乎與熱鬧滾滾的臺灣八景票選活動同個時段。臺展之初，即強調希望參展的畫家藉由本展覽會的機制，描繪出屬於臺灣的「地方色彩」。此創辦宗旨，引起往後的學者探求「地方色彩」的種種面向。由於「地方色彩」直接關係到臺灣形象的塑造議題，因此也與本論文探討的主題息息相關。本章將以十年臺展作品為中心，討論倡導「地方色彩」的臺展，為臺灣形象塑造出何種典型？又臺籍畫家與日籍畫家，在塑造臺灣形象典型的相同與相異點何在？

　　在臺展之前，臺灣人方面的美術相關活動，多半是清朝文人畫的延續，但是由於人數不多，加上散居各地，因此未成氣候。在日本人方面，殖民初期從日本內地來的畫家不少，但是都稱不上是大家。其中對油畫有興趣的人極少，彼此之間的交流多半屬於短期社團性質，幾個同好組成一個團體，舉辦一、兩次展覽會後，便無疾而終。其中比較著名的「黑壺會」，便舉行過三、四次的展覽會，造成全臺業餘繪畫愛好者的串連而興起一股西方繪畫的風潮。但是這些活動多半都只限於日本業餘畫家間，臺灣人基本上不包括在內，理由之一是當時的臺灣人並沒有一個正式的管道接觸西方繪畫，而「美術」的概念，對一般百姓而言是幾乎零。在黑壺會成立前後，有部分畫家來到臺灣進入師範體系教授繪畫，例如石川欽一郎、鄉原古統等，但是一切都是在起步階段，直到臺展開辦，臺灣人才有機會正式接觸美術。

　　臺展第一回，受到民眾的熱烈歡迎，每天入場參觀的人次逼近一萬人，

大批好奇的民眾湧入會場，爭相目睹參展的畫作。入場券全部售出，仍無法消化所有欲參觀的民眾，主辦單位只好趕製加印。配合展覽販賣的目錄與作品明信片，在第一天就幾乎被搶購一空，臺展受到的注目與歡迎程度可見一斑。

「美術」對臺灣人來說是個相當摩登的名詞，對日本人來說也是如此。「美術」是明治維新時期才加入的語彙，起源於 1873 年維也納萬國博覽會中出品分類表的翻譯。當時的翻譯者在這個新名詞的旁邊，附上了註釋：「美術是指西洋的音樂、畫學、製像術、詩學等」，這時「美術」不僅只有視覺藝術的部分，還包含了音樂、文學，就定義上來看，比較像現在我們一般對「藝術」範圍的統稱。到了 1877 年，在日本國內舉辦的第一回內國勸業博覽會，主辦單位將「美術」部門定義為展示書畫、攝影、雕刻及其他製作精巧的製品，把廣泛的「美術」範圍，縮小到視覺藝術與工藝的部分。

西方繪畫對於日本的第一個衝擊，莫過於是寫實主義的技法與油畫的創作方式，當時著名的畫家高橋由一，談到他初次見到西方石版畫的心情：「年輕時，當我第一次看到外國進口的石版畫，極驚訝其所表現出來的逼真效果，從此決定放棄傳統日本畫的學習，轉攻西洋繪畫。」寫實主義在視覺上所帶來震撼，帶動一些日本畫家改習西洋繪畫，有的甚至在幕府的贊助之下，至歐洲學習西方繪畫技法，將其帶回日本。畫家們對西方技法能忠實的表現外在物質世界，折服不已，認為這是傳統日本畫無法做到的境界，加上當時社會普遍陷入對西方科學、理性與機械製作的崇拜，自然加深了人們對於西方物質文明的信仰，進而興起西洋畫優於日本畫的普遍看法。

對實物描寫逼真的寫實技法，與稍晚加入的攝影技術，讓真實、突出於二維空間的視覺感受，漸漸滲入到民間的日常生活，讓一般大眾體驗到全新的視覺饗宴。明治 10 年（1877 年）5 月 30 日的《東京日日新聞》一位讀者的投書，說到捕捉真實的照相技術，足以安慰孝子的追慕之情，但是以美麗的油彩繪製父母遺像，其更能長置子女忠孝之志，這實在是油畫的大功德。這股肖像畫風潮，也吹進皇室的深宮大院中，明治 6 年（1873 年）3 月以繪製肖像畫出名的畫家五姓田芳，被宮內省召入奉命為明治天皇畫肖像；明治 11 年（1878 年）6 月，畫家高橋由一、五姓田義松與荒木寬畝分別為明治天皇、皇后與皇太后繪製肖像。

在文明開化的標語下，積極西化的明治政府在明治 9 年（1876 年）設立

了工部美術學校，排除日本與中國的傳統繪畫，專門從義大利聘請老師教授繪畫與雕刻技法。學生必須先在預科接受幾何學、透視法、正射影法與裝飾畫法的訓練，通過考試才能進入畫學科學習，雕刻學科還必須再多學解剖學，以精確掌握實物的體態。隨義大利老師一同進入日本的，是從義大利與法國運來的西方名家作品的複製品，希臘時期著名的人物石膏像，風景、動物、人物、花鳥畫作，與石版及銅版畫。另外，油畫與水彩畫顏料、炭筆、鉛筆、畫布等，所有想像得到的作畫工具與教材，都隨著一艘艘外國船隻，進到日本境內。

工部美術學校為想學習西畫的青年，有了正式的管道，以往在民間開設的洋畫私塾學習的學生，爭相進入工部美術學校學習。學生們開始學習用西方人的視野看世界，以往的觀看方式、作畫的技巧被徹底解構，重新用西方的技法面對眼前熟悉的景物，再現在畫布上。這批早期進入工部美術學校的學生，部分成為當時日本重要的西畫家，也擔起傳授西方技法的工作，其教授出來的學生，更是往後明治 20 年代重要洋畫推廣先鋒，例如梅原龍三郎、藤島武二等；另外還有部分人士到過臺灣，對臺灣景物發表過言論，甚至親手彩繪臺灣風景，如中村不折、石川寅治和三宅克己等。看似一片欣欣向榮的西畫學習景象，卻因為工部美術學校廢止而埋下陰影。學校廢止的原因很多，師資接替問題或許是其中重要的原因，但是社會上對歐化走向的反撲，才是西洋美術發展的最大障礙。明治 20 年（1888 年）東京美術學校的成立是這股國粹主義的實現，雖同有「美術」二字在校名中，但是創辦的主張卻截然不同。東京美術學校成立的目的，在於保有並振興日本固有之美術，反對歐洲美術的傳入，因此在創設的同時，西畫與雕刻都被排除在外，僅設日本畫科、木雕刻、金工科與漆工科等傳統日本美術的範圍。受打壓的西洋畫陣營，稍後在明治 22 年（1889 年）組成了明治美術會，結合力量繼續與國粹主義抗衡，並成立明治美術學校教授西畫。

這個時期不只在畫壇，日本全國上下都處於新舊融合前的拉扯狀態。西方物質文明與日本文化民族性，如何融合？孰優孰劣？爭論不休。對峙的狀態在明治 29 年（1896 年）東京美術學校設西洋畫科，並聘請黑田清輝、九米桂一郎等西畫領導人擔任教授而稍歇。黑田清輝對日本西洋畫壇的影響十分深遠，伴隨其進入日本畫壇的是印象派的繪畫技法，之後，先前至巴黎等歐洲城市遊學回國的西畫家，將野獸派、表現注意等繪畫風潮，也帶回日本，

豐富了明治後期的日本畫壇。1920 年代前後進入東京美術學校學習的臺灣畫家，正好碰到日本畫壇衝突融合後的新局面。

明治 40 年（1907 年）日本文部省仿照巴黎沙龍美展，舉辦了文部省美術展覽會（以下簡稱「文展」），展期約一個月，並從收到的作品中選出入選的作品，再從中評選出前四名給予獎勵。大正 8 年（1919 年）廢文展，另由帝國美術院設置帝國美術展覽會（以下簡稱「帝展」），臺灣雕刻家黃土水的作品「蕃童」便入選了第二屆帝展。以政府主導，開辦美術展覽會，有意將「美術」這個概念提升至國家體制中。參觀美術展覽會本來對民眾而言，是個極為新鮮的體驗，看畫過去是文人雅士的嗜好，僅侷限於部分人士的特殊活動。但是展覽會的對象適用於全體國民，每個人都有機會去感受什麼是「美」，這也讓展覽會中可能潛在的影響範圍擴大。

儘管展覽會的另一個功能，是讓畫家們有交流的場所，但是展覽會中的評選機制，教導參展畫家與參觀民眾，那種構圖的畫面比較「美」，什麼是值得放在公眾場合，予眾人觀看的「美」。少數具代表性評審委員，便決定了流行的趨勢，藉由人們觀看普遍化自我的審美價值。而幾位德高望重的評審委員，也曾應邀到臺灣為臺展作品審核，另外也有部分臺灣至日本留學的畫家作品，入選過帝展，如陳澄波、廖繼春、藍蔭鼎等人，被視為至高無上的光榮。日本與臺灣，就在這一來一往當中，交流、串連、分享著某種審美的品味。

在鄉原古統、石川欽一郎和鹽月桃甫等，多位早期致力於臺灣美術發展的日本畫家討論與建議下，臺灣在昭和 2 年（1927 年）由臺灣教育會舉辦了第一回臺展。當時的臺灣總督府文教局長──石黑英彥在該年 5 月號的《臺灣時報》上說明本展覽會的宗旨，是為了提供臺灣本地美術家「一個可以相互觀摩、相互研究的機會」，並且希望藉此「鼓吹民眾涵養美的思想及趣味」。並在活動主旨明確的說明，鑑於「本島（臺灣）地處亞熱帶，藝術上有許多可以發揮的特色」，因此「本會創立的目標並不打算完全與帝展、院展及二科展同一步調進行，而是期待能納入較多的臺灣特色，以發揮所謂『灣展』的權威」；「另一方面，若能將臺灣這個蓬萊島的人情、風俗及其他事情以作畫方式廣泛介紹給社會大眾，必可提高我臺灣的地位，那麼本會的創設就更顯意義。」從這裡我們可以瞭解臺展的定位，除了是給予臺灣民眾交流及欣賞美術作品的地方，更重要的是希望藉由參展的美術作品，表現出獨一無二的

臺灣特色，發揮推廣臺灣風土的作用，提高臺灣知名度。以發揚臺灣特色做為訴求的臺展宗旨，成為每屆臺展審查委員依循的標準。從這個展覽的開啟與後續發展，可以帶出一個在日本殖民時期臺灣一個重要的課題——「地方色彩」（local color）。

儀式，是個讓人可以從實際生活的考量與日常生活的社會關係中，抽離出來的空間，將整個活動以某種不同平常的思考方式與情緒，來看待自己與其所處的世界。參與臺展的創作或是進入展覽會場欣賞作品，在當時的臺灣都是一種相當時尚的活動，《臺灣日日新報》在開幕當天還特別刊登了入場規矩，觀眾必須穿戴整齊才能進入會場，彷彿是參加一場重要的約會，換個角度看，參與臺展似乎就像是參加某種特別而隆重的儀式。民眾進到會場像是跳脫日常規律的生活模式，進到一個標榜「美」的殿堂，大部分的媒體都表示這場盛會有助於提高臺灣人的文化程度，因此參與盛會等於是將自我的文明化，藉由穿戴整齊，進入會場的動作而提升。購買活動相關的周邊產品，延長了人們觀看美術作品的時間，也深化了人們與文明同在的信心。

石川欽一郎在其言論中，多次提到觀看事物必須帶著自身成長背景的概念。身為表現的一方，對參展的畫家而言，臺籍與日籍畫家的背景除了表面上理解的臺灣與日本的不同，在政治層面上，則是地方與中央的差異，進到生活領域裡，便是自家與他鄉的區別。對於作為接收者的參觀民眾來說，同樣也有上述的差別。表現與接收，多重的組合結果與火花，在擠滿觀眾的臺展會場中，不斷迸發著。

政府給予一個宏觀的敘事結構——「地方色彩」，這個概念給了每幅作品一種富含意義的框架。參與者以自我的角度解釋著自我以為的「地方色彩」，或許是揣測上意，或許是忠於本心，人們在某個範圍內，不斷誤讀、混淆、抗拒或意識／下意識地根據自己在歷史和心理上的特色，積極地發展屬於自我的行動綱領。「美術」是文明的象徵，參觀展覽會便是一種進入文明的儀式，展覽會裡賦予了展品神聖的意涵，這些展品提出了幾個重要的議題：品味、美感和想像，而政治力同時將手伸進了一切看似往美的方向走去的審美活動。以臺灣特色作為發揮基礎的臺展開辦時間，與之前所提到的臺灣八景票選活動開始的時間十分接近。時間上的巧合加上審核委員的相通，讓人很難排除被政府操作的臺灣風景標準，對參與臺展畫家的影響力。被標榜為「真正代表臺灣」的新八景，具指標性的自然景致，極有可能成為畫家們選材的

對象,並透過彩筆重現,進入參觀民眾的眼簾。政府(活動背後支持的主力)、評審(審美品味的決定者)、畫家(再現自然景致者)與民眾(觀看接收者),構成臺灣風景的創造與流動的網絡。

透過多方人士的參與和政治角力,藉由藝術品的力量,發明了屬於這個時代的新審美觀。美術神聖的精神價值,同時透過民眾的參與而世俗化。對「地方色彩」論述的意見相左,新舊技法的討論,畫家、評論者、參觀民眾彼此間的討論、反思、誤讀、新見解,都是厚實臺展論述的養分。

第一節 殖民官方對「地方色彩」的暗示

對於臺展倡導的「地方色彩」所指為何?筆者以為在臺展開辦前,殖民官方早已藉由某些行動,釋出對「地方色彩」的暗示。以下我們將透過分析殖民官方與日本內地畫家的互動中確立下的臺灣畫題,和臺灣日日新報社舉辦的臺灣八景票選活動兩方面,探討殖民官方對臺灣景色的品味與對臺展「地方色彩」的暗示。

一、鄉村風光的陷阱

對臺灣美術界影響深遠且擅長水彩畫的石川欽一郎,在來臺初期時曾說道:「如以水彩畫臺灣風景、風俗等做成繪葉書贈送內地友人,應該是非常有趣而且有益的事。領臺十餘年後的今天,日本還有很多人一直不知道臺灣,我希望至少讓這些不幸福的人們知道日本第一的臺灣風景……利用相片沒有意思,詩歌文章則無法進傳其妙處,唯獨繪畫能夠適當地觀看風景的趣味」〔註1〕。繪畫對於石川欽一郎而言,是種反映眼下事物狀態的工具,也是種讓日本人接觸臺灣景致的媒介。在第一次來臺擔任陸軍翻譯官的期間(1907 年 11 月～1916 年 8 月),其繪畫長才為總督府重視,曾為總督府繪製征臺相關的歷史畫——「北白川宮殿下御奮戰圖」,被放置在臺北博物館的大廳中。另外,配合佐久間左馬太總督的理蕃進程,石川被要求與軍隊一同進入山區,以寫生的方式繪製「蕃界圖」多幅,並由佐久間總督選了九幅,呈獻給明治天皇,欣賞臺灣高山景致。

1908 年石川欽一郎描繪臺北大稻埕後巷情景的作品《小流》,入選了第二

〔註1〕 石川欽一郎,〈水彩畫與臺灣風光〉,《臺灣日日新報》,1908 年 1 月 23 日第 4
版;翻譯見顏娟英,《風景心境》,頁 30～31。

回文展。據石川回憶：「我將此有紅色屋頂的畫送到上野公園的展覽會場。那時在東京還很少看到臺灣的寫生畫。雖然有不少日本畫家來到臺灣，但是在戶外花上幾天完成一幅畫的洋畫家幾乎沒有。因此，我那幅紅屋頂的畫在東京引起相當的注目。直到現在我的老朋友還常常提到這幅畫」。〔註2〕石川在日本民眾還無法具體想像臺灣樣貌的時候，便以自我擅長的風景畫題，將臺灣巷弄景致藉由官辦展覽，正式地呈現在日本民眾的面前。作品一出，果然引起民眾觀看的興致。

　　石川欽一郎本身，也會邀請日本內地畫家，來臺爲臺灣景致寫生，最常被提起的就是1914年名畫家三宅克己的到來。石川爲三宅克己在臺北舉行了三天的作品展覽會，展出的是前一年三宅到山陰、九州、紀州大和（和歌山）等地的寫生作品，其目的除了推廣水彩畫之外，在於希望讓在臺灣的日本人能看到故鄉的景色。展覽會吸引了許多學生與媒體的參觀、採訪，連佐久間總督也親臨會場，並挑選了幾件作品帶回收藏。

　　在這一來一往之間，日本與臺灣兩地的自然景色，順著畫家的寫生，政府官員的購買、敬贈，展覽會的陳列與民眾的觀看，在兩地間流動，形成一個視覺物件的產出與觀看網絡。網絡剛開始僅建構於皇室與政府官員，這些位在金字塔頂端的社群。殖民地官員委託畫家繪下帝國新領土的風景，將其贈與天皇，讓紙上疆土實體化。官員贈與的動作，便將殖民地與中央間的地位關係明確表達，而天皇的觀看，則明確地將殖民地國土納入皇權的眼界之下。隨著日本與臺灣兩地間的交流日益頻繁，畫家彼此間的受邀、訪問與寫生作品的展示，都是促成這個觀看網絡往下延伸的驅力。三宅克己在來臺前，就時常聽暑假回東京的石川欽一郎，述說臺灣的風土民情，和欣賞石川的臺灣風景寫生。這樣的交流，給予三宅想像臺灣的空間，順著這樣的脈絡往前推，大概可以瞭解東京民眾看到石川欽一郎的《小流》時的感受，是一個不同於野蠻想像的臺灣，一個色彩飽滿又透露著寧靜氣氛的鄉間景致。

　　前面談過一般日本人對於臺灣的刻板印象，就是有「黑死病、霍亂、生蕃、土匪等令人恐懼至極的地方」〔註3〕，但是事實上臺灣在經過幾任總督的勵精圖治，臺灣已經漸漸往現代化的過程邁進，而臺灣山林又是總督府層層

〔註2〕　石川欽一郎，〈臺灣風光的回想〉，《臺灣時報》，1935年6月；翻譯見顏娟英，前引書，頁54。

〔註3〕　三宅克己，〈臺灣旅行感想〉，《みづゑ》110，1914年4月；翻譯見顏娟英，《風景心境》，頁59。

把關的地方，要接近「野蠻」的原住民，談何容易。因此當這些日籍畫家來到臺灣後，看到的景象與想像中的全然不同，他們接觸到的是現代化的臺灣，一個漢人聚落特色的臺灣。

當三宅克己的船駛入基隆港時，他看到了的景象是：

> 基隆港是臺灣的門户，感覺好像到了西洋的港口似的。六千噸以上的巨船橫過來靠緊著火車站前的岸壁停泊。宏偉的郵局建築或者市街上排列整齊的磚瓦建造房舍，令人覺得比起橫濱或神户都不遜色，在聽到建港的過程更令我佩服。從日本冬天枯寂的風景到此基隆一片翠綠的山景，無比地欣悦。到處都看得到竹林，或紅瓦的農家，路邊則茂密地種植著芭蕉。從火車的窗外看出去，眼前就是在田裡工作的水牛，令人興奮。〔註4〕

建設完善的基隆港與規劃完善的城市街景，令三宅克己驚訝不已，這也是總督府最引以為豪的地方。商店林立加上筆直的街道，往往會被選作明信片的主題，相較於過去泥濘不堪的小徑，城市街景象徵著臺灣現代化建設的進步。除了具體建設的部分，接連映入眼簾的是一片綠蔭盎然的景象，竹林、紅瓦家屋、芭蕉樹與田中工作的水牛，都是令三宅驚喜不已的臺灣特色景物。

來臺旅遊的丸山晚霞也發表過類似的言論：

> 我認為臺灣風景的前景一定有相思樹。那麼相思樹的前景也該加些什麼動物作為點景，而我所希望的動物是水牛。前景相思樹下水牛二、三頭，背景為中央山脈，山是只有在臺灣才看得到的堂堂大山，這樣就構成了一幅風景。〔註5〕

文字中，明確表達出丸山認為的臺灣風景應該被呈現的樣子，相思樹與水牛背後映著山景。三宅克己和丸山晚霞對臺灣的第一印象，可以由第一回始政紀念明信片得到具象的視覺印證。總督府精確地知道對於日本旅客而言，什麼樣的景物會吸引他們的注意，並且留下深刻的印象。1917 年石川寅治受邀來臺繪製臺灣風景，負責招待的蜂谷彬寫下這次計畫的目的：

> 日本統治臺灣已二十年……母國日本的人們大都對臺灣完全不認識。對臺灣有點瞭解研究的人或僅限於製砂糖業者或者是曾在此地

〔註4〕 三宅克己，〈臺灣旅行感想〉，《みづゑ》110，1914 年 4 月；翻譯見顏娟英，前引書，頁59。

〔註5〕 丸山晚霞，〈我所見過的臺灣風景〉，《臺灣時報》，1931 年 9 月：；翻譯見顏娟英，前引書，頁87。

住過的人而已。我想關心臺灣的人有義務用各種方式將臺灣介紹給日本，石川寅治先生計畫透過繪畫的形式將臺灣介紹給日本……藉著畫筆於日本發表臺灣的眞相，讓除了製糖業者以及臺灣相關者以外的知識份子也能瞭解臺灣，或增加對臺灣的興趣，這樣的事是非常重要的。〔註6〕

蜂谷彬擬定了三個寫生的重點，分別是未經人工化的自然、本島人（指臺灣人）的生活狀態、正遭到破壞消失的歷史文物，如廟宇建築等，並將寫生的重點放在後面兩項。在與石川寅治踏上繪畫之旅的圖中，他提到：「這附近（安平）相思樹很茂密，紅色的土地上點綴著水牛，回程時必定要下車將此景收入畫面」〔註7〕。

　　從連續幾個日本人的言論中，已經可以清楚的知道日本觀光客眼睛中的臺灣風景，會有的幾個重要物件──相思樹、竹林、熱帶植物（芭蕉或椰子樹）、紅瓦屋、水牛、山景。這些物件之所以會被列舉出來，不斷出現在遊記類型文章的原因，在於這些物件不是日本隨處可見的景色。因爲不同，所以特別；因爲差異，才會讓人印象深刻。日本旅客來到臺灣，眼睛觸及的眞實風景，打破了長久以來在心中的想像畫面，他們迫不急待將眼前的景象寫下、畫下，彷彿急著昭告天下，這才是眞正的臺灣，這才是「正確」的臺灣風景。

　　以表現臺灣「地方色彩」作爲號召的臺展，讓想要參展的畫家碰到一個必須不停思索的問題，什麼才是「地方色彩」？什麼才是屬於臺灣的特色？當椰子樹、紅瓦屋、水牛等被主流價值視爲具有臺灣特色的物件時，畫面只要放上這些代表物，就容易被視爲富有臺灣「地方色彩」的作品。例如林玉山的作品《故鄉追憶》（臺東9）（圖4-1-1）是一幅典型的臺灣鄉間景色畫作，畫面中清楚地結合三種構成臺灣「地方色彩」的要素，其一是位於近景的紅瓦屋；二爲位於屋後和遠景的熱帶植物，如椰子樹、檳榔樹和芭蕉樹爲代表；最後是身處於屋舍中的水牛，其屬於漢人農業社會中，不可缺少的一員，具有代表臺灣漢人農業社會的特質。從此幅畫作的命題上來看，這幅畫在表達林玉山對其故鄉的追念，但是對林玉山不熟悉的民眾而言，在觀看畫作時，無法輕易判別畫中所描繪的確切地點何在，透過象徵性物件的閱讀，只知道

〔註6〕蜂谷生，〈繪畫旅行通信〉，《臺灣日日新報》，1917年8月；翻譯見顏娟英，前引書，頁67。
〔註7〕同上註。

是在描繪臺灣某一個鄉村的景色。如果我們將其與閒宮正《安靜的村莊》（臺東7）（圖4-1-2）做比較，我們可以發覺兩者構成畫面的主要物件幾乎相同，紅屋綠樹，相似的寧靜氣息，讓人再熟悉不過的臺灣鄉間風景。

圖4-1-1　林玉山《故鄉追憶》

圖4-1-2　閒宮正《安靜的村莊》

我們再看幾幅類似的鄉間景致作品，林東令的《夕照》（臺東4）（圖4-1-3）裡，忙完田裡工作的農人，牽著牛隻踏上返家的路，眼前不遠的地方就是紅頂

家屋，屋後是一排栽種整齊的椰子樹，這又是以紅色家屋、水牛、熱帶植物三要素組成。又如村上無羅的《南國海村》（臺東 10）（圖 4-1-4），大片的紅色家屋配上海水，並加上幾叢椰子樹作裝飾。雖然無水牛的出現，但是紅色家屋與熱帶植物，還是其中重要的構件。此三要素單獨或配合出現，都足以構成屬於臺灣的異國情調。

圖 4-1-3　林東令《夕照》

圖 4-1-4　村上無羅《南國海村》

對於臺籍畫家來說，繪製的畫面的確就是日常生活的場景，《故鄉追憶》是林玉山在京都時的回憶之作，留在記憶中的想必是揮之不去的家鄉景致。在訪談記錄中，林玉山這麼說：「日本人說臺灣人畫臺灣的特色就好，你不用去抄誰的畫，不要去畫大陸的畫，也不要去畫什麼西畫，臺灣人就畫臺灣，臺灣有出產甘蔗，臺灣有出產什麼，去畫那個就好了。」〔註8〕臺籍畫家的選材與日本人的臺灣意象相符，兩者彼此間有沒有經過刻意的挑選？或許有，或許沒有，我們只能說兩者均極力表現最容易取得的素材，只是總督府更透過出版品的發行，將這些物件符號化，緊扣「臺灣」印象。

剛剛說明的幾幅作品，都是入選倡導「地方色彩」的臺展作品，換句話說，這些作品都可以從畫面輕易找到符合總督府選擇的臺灣代表物，而「地方色彩」所指何物？在臺灣鄉間景色這類畫作中，就是紅色家屋、水牛和熱帶植物。更進一步說，臺灣各地區的特色，被紅色家屋、水牛和熱帶植物所取代，各地的特質趨於統一性，簡化為三個經由總督府挑選的符號。這些符號對初訪臺灣的日本內地旅客而言，是鮮明可見的，符號成為殖民者辨認臺灣的基礎。而對觀賞展覽的臺灣民眾而言，他們透過一幅幅被標明表現臺灣「地方色彩」的畫作，學習站在殖民者角度認識腳下的土地。殖民者也透過這樣的觀看機制，將原本可以訴說臺灣多種面向的風土民情簡化，讓臺灣島的面貌就在這有意無意的過程中，被定型為特定樣版的風景圖。

二、官方色彩濃厚的臺灣八景票選活動

昭和 2 年（1927 年）6 月舉辦的「臺灣八景」票選活動，是另一個官方營造臺灣形象的手段。《臺灣日日新報》在 6 月 4 日刊載了本次活動的主旨是：〔註9〕

> （福爾摩沙）此受惠的美麗自然中，遑論為有受惠優勝的風景如此之事產生。這些風景中在世上已為人所知，於文章、於繪畫，此對自然美歌頌的名所也絕不少。然而現在身為臺灣的名勝，受到歌頌的這些名勝，果真只有它們才是代表我等臺灣自然美的代表嗎？恐怕沒有人可以這樣斷定。相信實際上，在臺灣仍有不少尚未人知、

〔註 8〕 林玉山，2003 年 6 月 6 日訪談稿，轉引自胡懿勳、高以璇，《林玉山：師法自然》，（臺北：國立歷史博物館，2004），頁 46。

〔註 9〕 《臺灣日日新報》，昭和 2 年（1927 年）6 月 4 日第 5 版。

受惠於優越自然美而好風景的地區。基於此信念，此回本社仍企畫
了這項計畫，臺灣全島的名勝地根據一般的投票募集；藉此探求被
埋沒的風景美、不爲人知的名勝地將其廣泛地向天下介紹，並將遵
從大眾的輿論、請教有識之士的鑑選，以此決定臺灣八景並視爲美
麗蓬萊島中眞正保有美麗自然美的名勝，同時計畫將其宣傳至海內
外並流傳於世……此刻願居住於本島的內臺人士，體諒本社微意，
爲了愛臺灣、選出眞正代表臺灣的名所，本著純眞的感情與同情投
票。

活動主旨傳達了秉持宣傳臺灣於世界的本意，揚棄舊觀點的臺灣名勝，挖掘
出眞正足以代表臺灣的景致。這個活動也可以進一步解讀爲，官方色彩濃厚
的《臺灣日日新報》想藉由此次機會，以民意作爲後盾，塑造屬於殖民官方
品味的臺灣形象。

　　先就票選規則分析，本次票選活動，主辦單位積極地邀請全島民眾參加，
在投票方法上規定，「將認定爲臺灣代表的名勝地，書寫於官制繪葉書或同一
型的洋紙上，只可記入一票，並請寫明住所與姓名。一張書寫兩景以上無效，
但一人投票數張無妨」。如此不限制個人投票次數作法，希望能夠激起民眾參
與的熱潮。〔註 10〕此外，「對於當選的八景，特派本社（臺灣日日新報）記者
實地寫眞，並詳細記事刊載於報上。更製作紀念寫眞帖及紀念繪葉書，於本
島與內地宣傳。並於選當地建立紀念碑」〔註 11〕，這樣的宣傳獎勵所帶動的
觀光產業，對於一地的經濟發展而言，有很大的助益。

　　對於報社開出的宣傳誘因，加上不限制個人投票次數的規定，各地執政
官員無不將此活動視爲將來帶動觀光獲利的重要跳板，例如新竹州知事就認
爲，經投票選出的臺灣八景，可「使臺灣爲海內外所知，而對本島有理解的
話，對於產業之進展、貿易之向上等等，有莫大的利益」，並認爲「此計畫
絕不視爲遊戲，將它當作我們的一個事業」〔註 12〕。有了觀光建設爲前提，
各地方官員也相應策劃起各種鼓勵民眾投票的宣傳活動。〔註 13〕在投票期
間，常常可以看到「馬公官民對八景募集相當感興趣」〔註 14〕或「蘇澳有志

〔註 10〕　《臺灣日日新報》，昭和 2 年（1927 年）6 月 5 日第 2 版。
〔註 11〕　《臺灣日日新報》，昭和 2 年（1927 年）6 月 5 日第 2 版。
〔註 12〕　《臺灣日日新報》，昭和 2 年（1927 年）6 月 9 日第 5 版。
〔註 13〕　宋南萱，《臺灣八景從清代到日據時期的轉變》，頁 43～46。
〔註 14〕　《臺灣日日新報》，昭和 2 年（1927 年）6 月 8 日第 6 版。

閒——欲獲當選第一榮冠——意氣軒昂協議策戰」〔註15〕等類似的短篇報導，這樣的短文都呈現的是官民一心，以求奪冠的氣氛。加上《臺灣日日新報》每天公布累積票數的刺激，和刊登各地人士響應活動文章的氣氛帶動下，臺灣八景票選活動可說是盛況空前。整個投票活動到7月10日截止，在接近截止日的幾天，八景投票活動進入「白熱化紙彈戰」的階段，每天都有兩千萬的投票如巨彈般的投入報社，而報社必須用到五十名的工作人員，在酷暑下整理這些投票。〔註16〕到7月8日正午前所整理的票數已達一億一千一百六十萬一千五百四十六票，這已遠超過先前在日本內地所舉辦的新日本八景票選活動。有趣的是，不止臺灣在地的民眾參與本次投票，連遠在朝鮮、內地的中、小學校也參與其中，而且多是投角板山。〔註17〕到活動截止所統計出來的票數，約三億六千萬票，此活動的熱潮可見一斑。〔註18〕

　　為期一個月的票選活動，於7月29日公布前二十名的「候補地」〔註19〕，入選的景點分別如下：

　　鵝鑾鼻燈塔（高雄）、壽山（高雄）、八仙山（臺中）、阿里山（臺南）、基隆港（臺北）、太平山（臺北）、五指山（新竹）、臺灣神社（臺北）、淡水港（臺北）、太魯閣峽（花蓮港）、日月潭（臺中）、觀音山（臺北）、大溪（新竹）、獅頭山（新竹）、出礦坑（新竹）、虎頭埤（臺南）、新店碧潭（臺北）、旗山（高雄）、雞籠山（臺北）、霧社（臺中）〔註20〕

　　這些票選出來的結果，依規定需再送審查委員會作最後的定奪。

　　從8月1日發表的臺灣八景審查委員的背景來看，多來自於政府與學校單位，官方色彩相當濃厚。〔註21〕具有如此背景的審查委員會，所審查的結果也深具官方品味，其認為足以代表臺灣的名勝為：

　　別格（特選）：神域——臺灣神社、靈峰——新高山

〔註15〕《臺灣日日新報》，昭和2年（1927年）6月10日第4版。
〔註16〕《臺灣日日新報》，昭和2年（1927年）7月9日第3版。
〔註17〕《臺灣日日新報》，昭和2年（1927年）7月9日第3版。
〔註18〕《臺灣日日新報》，昭和2年（1927年）8月1日第2版。
〔註19〕《臺灣日日新報》在票選規則的第三項「八景的決定」中說明「投票截止後，依得票數順位前二十位做為臺灣八景的候補地，並將此送審查委員會附議決定發表臺灣八景。又第二十一位以下的風景，在審查會審議下亦可作為候補地」。《臺灣日日新報》，昭和2年（1927年）6月5日第2版。
〔註20〕《臺灣日日新報》，昭和2年（1927年）7月29日第5版。
〔註21〕《臺灣日日新報》，昭和2年（1927年）8月1日第2版。

臺灣八景：八仙山（臺中）、鵝鑾鼻（高雄）、太魯閣峽（花蓮港）、淡水
　　　　　（臺北）、壽山（高雄）、阿里山（臺南）、日月潭（臺中）、
　　　　　基隆旭ケ港（臺北）

十二勝：八卦山（臺中）、草山北投（臺北）、角板山（新竹）、太平山（臺
　　　　北）、大里簡（臺北）、大溪（新竹）、霧社（臺中）、虎頭埤（臺
　　　　南）、獅頭山（新竹）、新店碧潭（臺北）、五指山（新竹）、旗山
　　　　（高雄）〔註22〕

這樣的結果與之前票選的排名有相當的差距，像是「別格」的設立就是一明
顯的例子。別格將排名第八與未在前二十名的臺灣神社和新高山，提升到神
聖的地位，並予以「神域」與「靈峰」的名號，使此兩景點鶴立於其他入選
景點之上，同時也顯示兩景點代表臺灣的意義。以「神域」爲名的臺灣神社，
凸顯著北白川能久平復臺灣的功績；以「靈峰」爲名的新高山，則彰顯殖民
者的崇高偉大〔註23〕。其他入選的景點，也非完全按照民眾票選的結果呈
現。

　　由以上的討論爲基礎，進一步說明臺灣八景票選活動的深層意義：

（一）雙重官方操作下的八景票選活動

　　以觀光作爲前提下的八景票選活動，激起了各地官員的參與熱誠，各地
都希望能入選，以獲取可觀的觀光收益，因此無不盡全力推動該地區民眾參
與投票活動，衝高該地景點的票數，這是八景票選活動的第一層官方操作。
第二層的官方操作，在於票選出的二十個候補景點，還要經過深具官方色彩
背景的審查委員審定，才能決定何者可當選爲眞正的臺灣八景。因此，臺灣
八景的票選結果，是經過雙重官方操作下的結果。

〔註22〕《臺灣日日新報》，昭和 2 年（1927 年）8 月 27 日第 5 版。

〔註23〕新高山與殖民官方的關係，最早建立於明治天皇的命名行動上，透過儀式性
的命名動作，殖民政府一方面確立殖民母國與臺灣之間，親密又上下地位分
明的父子關係；另一方面是一天皇的恩澤與聖德，自日本本土延伸至臺灣，
護佑著臺灣的人們與土地。收編在日本殖民體系之下的新高山，透過形象操
弄的方式，由自然景物漸漸化身爲標顯殖民治績崇高的符號，這種運用手法，
可以清楚地在官方發行的始政紀念繪葉書中觀察到。在始政紀念繪葉書中，
新高山的形象往往是殖民者肖像或現代建設的背景，以取山岳的崇高意向，
暗示殖民者的偉大功業。有關始政紀念繪葉書的相關論述，請參見拙著，〈「有
名」與「無名」——日治時期殖民者與被殖民者的形象建構〉，《臺灣美術季
刊》第五十八期，2004 年 10 月，頁 88～90。

（二）由少數殖民者操控的票選結果

八景的票選結果，是決定在少數的審查委員手中，而審查委員權力之大，可由審查委員會規程〔註24〕中看出。規程的第三條規定，一般投票者的投票數價值爲三，而審查委員的價值卻高到七，雖該條規定中明文說明「尊重一般投票者意思」，但是審查委員的思考仍是景點入選與否的重要參考指標。另外，規程第四條說明，「若委員三方之二以上同意，雖在二十一位以下，亦得爲八景候補地」，這條規定也違反了「尊重一般投票者意思」的本意，審查委員有充分的權力抽取符合其理想的景點入選。從上述的規程當中，就可以瞭解到八景的票選結果，是集中在少數審查委員手中。

然而不僅如此，依據第六條規定審查委員內置小委員若干名，組成小委員會。而小委員會需實地踏查八景候補地，製成具體資料以供審查。小委員會的成員有井手薫、石川欽一郎、尾崎秀眞、金平亮三、中澤亮治、鄉原藤一郎（鄉原古統）、見元了等共七位。〔註25〕換句話說，這七位小審查委員的調查報告，成爲候補景點是否入選的重要審查依據，他們操縱著審查委員團隊的思考走向。因此票選結果與其說掌握在審查委員手中，不如更進一步說，在小審查委員會手中。

（三）在制度中淪為點綴的臺灣民意

八景票選活動的動機，在於宣傳臺灣美景於世界，就這個目的上來講，即是官方思考下的產物。因此雖說這是日治以來，臺灣人第一次有機會思考臺灣形象的機會，但是這樣的思考未必都出於個人意願。活動當中參雜著某些地方官員有計畫性地操作，以增加景點的票數，審查機制又掌控在官方的手裡，導致臺灣人沒有足夠的權力去票選屬於心中的臺灣形象。因此縱使在八景公布後的審查委員招待會中，報社發言人不斷的強調，八景的選出是順從民眾意向的結果，都無法掩蓋臺灣八景是包裹著臺灣民意糖衣的殖民者品味。

（四）殖民者品味的臺灣八景

前面種種論述，都將臺灣八景指向僅屬於殖民者一方的選擇，那麼我們要進一步問，臺灣八景透露出何種殖民者的品味？從委員會規程第二條規定的八景審查基準中可以約略看出，審查基準的前兩項爲「有特色者」和「規

〔註24〕《臺灣日日新報》，昭和2年（1927年）8月27日第4版。
〔註25〕《臺灣日日新報》，昭和2年（1927年）8月10日第4版。

模不小者」。我們可以簡單的說，要能夠成為臺灣八景的資格，是該景點必須帶有某種「特色」而「特色」的意涵相當模糊，並沒有一定的標準，因此可以讓審查委員任意詮釋，以臺灣神社為例，此景點的特色在於標示殖民征服者的功績，所以說「特色」一詞並不用限制在被殖民者的特色上。

再者，該景點必須規模不小，所謂的「規模不小」可以從報紙中刊載對希望能入選為八景之景點特色的相關文章中看出，文章中往往提到「雄大」的條件，「雄大」即宏偉、壯闊的意思，而入選八景十二勝的景點許多都是屬於山岳的型態，這樣的景點有眺望遠方，俯視地表的特點，站在山頂，就等於擁有山腳下的廣闊土地。因此我們可以說，具有某種屬於殖民統治意義或位居地勢高處的景點，就是符合殖民者品味的美景。

（五）缺乏熱帶氣息的臺灣八景

雖然多數來臺旅遊的日本內地人士，都對臺灣的熱帶氣息感到興趣，但是這樣的趣味在多屬山岳的臺灣八景中是缺乏的，我們嗅不出一點熱帶島嶼的氣息。臺灣熱帶的刻板印象與殖民者操縱的八景，產生如此斷裂的情形，相當有趣。但是由於背後牽涉的相關議題過於龐大，礙於篇幅，因此必須先擱置，待日後另外書文。

前文提及「景」和「非景」的選擇權，操縱在少數殖民官方人士手中，這些人決定了什麼可被看，什麼必須隱匿。風光明媚的景色與殖民功績都濃縮於臺灣新八景中，殖民官方極力打造出臺灣樂土的形象，在在反映出總督府被觀看的渴望。

風景就和人一樣有其個性，有其產出的時代背景，因此對於景的觀察不能僅限於觀看上，必須去瞭解在背後支撐的思想脈絡。出現在眼前的畫面，不一定只是客觀、自然的存在，它可以體現一個時代的雰圍，產出者的心態、選擇的企圖、猜測與想像。總括的來說，風景包含了產出者或產出時代的意識型態。然而，意識型態提供了一個有秩序且簡化的世界觀，當某種物件符合或支持主流意識型態，那麼這個物件就極有可能被搬上臺面，成為各種傳播管道下不斷主打的記號。

經過細心挑選，帶有意識型態的風景，以一種單一的確定取代多樣的曖昧，選景活動將政府的企圖心安插在自然景致中，排除了不符合政治價值的視覺選擇，將渴望被看見的部分，藉由觀光宣傳品、博覽會、紀念品的形式，強力推銷到民眾的眼前。將小島多樣風光縮小集中在這二十二的景點上，文

字說明、明信片、繪畫作品、旅遊路線建議，從腦中的想像畫面到實際的視覺接收，企圖統合主流的視覺散佈管道。

看見的同時掩蓋了看不見的事物，雖說八景票選活動目的上來講，是殖民者思考下的產物。然而這也是日本殖民統治以來，臺灣人第一次有機會思考臺灣形象的機會，第一次真正地以實際行動，將自己身處或是喜愛的景致推出去，讓人們共享私人的視覺體驗，縱使這樣的思考未必都出於個人意願，也無法確切得知實際臺灣人參與的票數。可惜的是，最後官方的強勢作風，吞沒了這層思考下的結果，臺灣人的真實生活，臺灣人對於風景審美品味，在訴諸全民參與的活動結果中是看不見的。

官方在臺展開辦之前，所進行與臺灣形象塑造相關的活動結果，都可被視為抓取殖民官方品味的一種暗示，而臺灣八景票選活動更是官方強勢主導下的產物。後面我們將循著這些暗示，以十年臺展作品為討論主軸，試圖找出符合殖民品味的「地方色彩」為何？

第二節　臺、日籍畫家共同營造的臺灣形象典型

前文提到兩種對臺展「地方色彩」的暗示，一種是由日籍畫家共同意識與官方確切的行動支持下，確立的臺灣畫題，包含了自然景致（包括平地與山岳）、土著（包括漢人與原住民）與歷史古蹟等。另一種，則是深具官方色彩的臺灣八景票選活動中，精心挑選出的臺灣名勝代表。這兩種屬於官方品味下的臺灣形象，給予臺、日籍畫家在思考「地方色彩」的議題上強烈的暗示。導致臺、日籍畫家在追尋臺灣「地方色彩」的取材上，有許多相同的部分，甚至建立起某種構圖模式。

一、臺灣八景與臺展的重疊性

在開始實際以臺展作品作分析之前，我們必須先建立官方暗示與臺展間的某種連結性。同為昭和 2 年（1927 年）舉辦的臺灣八景票選活動與臺灣美術展覽會之間，除了創辦的時間相近外，還可再由制度與題材兩個方向談論兩者的重疊性。

先就制度面而言，我們可以從以下幾點來談：

（一）臺灣八景票選活動與臺展同為尋求臺灣特色而努力

就活動宗旨而言，臺灣八景是為了宣傳臺灣之美讓海外人士知道，而舉

辦的票選活動，希望選出能展現臺灣特色的景致。臺展則是希望藉由參展畫家的畫筆，繪出符合臺灣「地方色彩」的景致。因此兩者在尋求臺灣特色的活動宗旨上，有相當大的重疊性，或者進一步說，兩者都企圖將視覺上的臺灣定型化。從兩個活動所包含的參與者而言，幾乎全臺民眾都參與了這個定型化活動。

（二）臺灣八景票選活動與臺展都是官方品味下的產物

臺灣八景票選活動與臺展雖然活動進行的方式不同，但都有強勢的官方力量介入其中。以臺灣八景而言，從投票到正式公布的期間，經果兩次從地方到中央官方的操縱下完成，因此雖打著以民意為基礎的旗幟，其結果仍充滿濃厚的官方色彩；而臺展則是從創辦到審查過程，都掌握在官方手裡，因此景點或畫作入選與否，取決於是否抓住了官方品味。而一旦活動結果被公開展示，不只全島民眾，還包括來臺旅遊的日本內地民眾，都同時進入官方視野下的臺灣。透過旅遊指南的介紹與一幅幅描繪「地方色彩」的畫作，觀者被教導順從官方的觀看思維。

（三）臺灣八景票選活動與臺展的審查委員間有部分的重疊

順著官方品味的議題往下延伸，誰塑造了官方品味？或者說誰主導了人們觀看臺灣的方式？這點我們必須從審查委員方面下手。我們發覺兩者在審查委員間的互通性，像是對臺展具影響力的石川欽一郎、鄉原古統，或是發表具有指導性談話的文教局長石黑英彥，也都出現在臺灣八景的審查委員名單中。而石川欽一郎與鄉原古統不但是臺展重要的評審委員，還是八景小審查會的成員。我們當然不能武斷的說，位居要職的兩人，其審美觀對於景點或畫作入選與否有決定性的影響，但可以說兩者之間有某種互通性存在。

以上三點，其實都是圍繞著殖民品味的議題而作的解釋，我們可以說兩個活動的品味界定，都集中在少數殖民者手中。而標榜建構臺灣景致的臺灣八景與追求「地方色彩」的臺展，在活動宗旨上相互重疊，兩者都企圖將視覺上的臺灣定型化，加上兩者活動的時間接近，審查委員又彼此互通，對於入選與否的判準，是相互影響的。在這樣的互通性下，架構起帝國之眼下的臺灣形象，而臺灣人在活動中直接或間接地參與了臺灣形象定型化的過程。在下面的段落中，我們將進一步探索臺、日籍畫家所形塑出的圖像臺灣為何？

二、常見的取景地點

在談到臺灣八景與臺展重疊性的時候，提及兩者的審查委員相通的現象，而這個現象的確造成往後臺展作品取材與評審觀點一致的情形，像鄉原古統在大正9年～14年（1920～1925年）繪製的《臺北名所圖繪》就是個明顯具有指導性作用的例子。鄉原古統的《臺北名所圖繪》共十二景（圖4-2-1～12），分別為總督府夜景、新店溪兩幅、臺北市水源地、榮町通、植物園、新公園、大稻埕大橋、龍山寺、北投溫泉、淡水河和婦女圖。這十二個畫題幾乎都被往後的臺展畫家所引用，甚至取景的角度也相當類似。

就淡水景點而言，這是臺展中最常被描繪的臺灣八景，而這個熱門的作畫景點，發展出兩套構圖模式，鄉原古統在臺展前完成的《淡水河》（圖4-2-10），就對其中一種構圖形式有著指標性的作用。鄉原古統筆下的淡水河，是以遠方的觀音山，搭配著淡水河水與幾艘船隻，所構成的美麗景致。山岳、河水、船隻的組合，成為淡水河常見的構圖模式之一，盧春元的《淡水風景》（臺西10）（圖4-2-13）和南風原朝光的《淡水風景》（臺西7）（圖4-2-14）就是相似的例子。而這種組合再加上橫跨河面的鐵橋，就成為《大稻埕大橋》（圖4-2-9）的構圖模式，這種組合也同樣出現在李石樵的《大橋》（臺西1）（圖4-2-15）中。另一種淡水風景模式，則是大片的紅色家屋，配上幾棵椰子樹和少許的河水，例如李水吉的《淡水風景》（臺西8）（圖4-2-16）就是如此。

圖4-2-1 圖4-2-2

圖 4-2-3

圖 4-2-4

圖 4-2-5

圖 4-2-6

圖 4-2-7

圖 4-2-8

圖 4-2-9

圖 4-2-10

圖 4-2-11

圖 4-2-12

圖 4-2-13　盧春元《淡水風景》

圖 4-2-14　南風原朝光《淡水風景》

圖 4-2-15　李石樵《大橋》

圖 4-2-16　李水吉《淡水風景》

圖 4-2-17　岸田清《風景》

山岳、河水、船隻、紅色家屋與椰子樹的物件，雖然是構成淡水風景的

主要元素，但是有趣的是，同樣的組合，也常常出現在作畫地點未標明的畫作中，例如岸田清的《風景》（臺西 10）（圖 4-2-17），標題上未註明作畫地點，而畫面的是由山岳、河水與紅色家屋所構成，又如蘇秋東的《展望》（臺西 10）（圖 4-2-18），同樣未註明作畫地點，畫面由大片的紅色家屋與山岳組成。因此我們可以說山岳、河水、船隻、紅色家屋與椰子樹等物件，只要其中任兩種以上隨意組合，就可以成為繪成代表臺灣特色的風景畫。「淡水」一地的風景形象被定型化，而後專屬此地的風景構件被抽離，形成一個個可以被任意拆解的物件，讓畫家可隨意排列組合，所繪成的畫作，被視為具有「地方色彩」的特色，展現在觀者的面前。

圖 4-2-18　蘇秋東《展望》

在鄉原古統類似指標性的《臺北名所圖繪》中，類似像《淡水河》（圖 4-2-10）這樣被臺展模仿而後脫脈絡化的例子，還包括和《植物園》（圖 4-2-7）中類似的椰子樹場景，出現在夏秋克己《南國的植物園》（臺西 3）（圖 4-2-19）中。高於其他樹木的椰子樹，抓住觀者的目光，彷彿植物園中僅有椰子樹才能吸引來訪的遊客。而突出於畫面的椰子樹場景，也常常運用在非描繪植物園的題材中，像是關段敏男的《港的冬》（臺西 8）（圖 4-2-20）就是明顯的例子，突出於畫面前景的椰子樹，讓觀者無法忽視其存在。

圖 4-2-19　夏秋克己《南國的植物園》

圖 4-2-20　關段敏男《港的冬季》

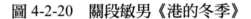

　　另外，《龍山寺》（圖 4-2-12）的廟宇建築也是常見的畫題，郭文興的《緣日》（臺西 8）（圖 4-2-21），加藤利以雄的《夜的龍山寺附近》（臺西 5）（圖 4-2-22）就以此做為畫面的主題。對於觀者而言，是否能夠精確的辨認出畫面

中的傳統廟宇建築為何並不重要，重要的是這樣的廟宇建築形式是屬於臺灣的特色建築，因此當畫面中出現類似的建築圖像，便讓觀者感受到帶有臺灣的「地方色彩」。

圖 4-2-21　郭文興《緣日》

圖 4-2-22　加藤利以雄《夜的龍山寺附近》

三、鄉間景色的構成

取材臺灣八景的畫作，無庸置疑的具有「地方色彩」的特質。而另一個表現臺灣異地色調的題材，便是前文論及的鄉間景色。臺灣形象藉由訴諸尋找「地方色彩」的展覽會活動，與臺籍畫家的鄉土情懷與日籍畫家關懷殖民地的出發點下，逐漸發展出某種固定的觀看模式。

大正 3 年（1914 年）初次踏上臺灣土地的日籍畫家三宅克己，將眼前出現的臺灣景物作了以下的描述：

> （臺灣）到處都看得到竹林，或紅瓦的農家，路邊則茂密地種植著芭蕉。從火車的窗外看出去，眼前就是在田裡耕作的水牛，令人興奮。〔註26〕

可見得鄉間景色的幾個特色，擄獲了初來乍到的日籍畫家。以下簡要地討論紅色家屋、熱帶植物和水牛等三個前文討論過的臺灣鄉間景致符號，其內部意涵與運用情形。

1、漢式建築（包含紅色家屋、廟宇與城門建築）

大正 6 年（1917 年）殖民政府邀請石川寅治透過繪畫的方式，將臺灣介紹給日本內地的民眾，廟宇建築就是其中被指定作畫的對象。〔註27〕昭和 11 年（1936 年）《臺灣時報》一篇石川欽一郎回憶臺灣的文章中，提到一幅描繪臺灣紅色家屋的作品，在東京引起注目的事。〔註28〕可見「紅色家屋」不管在官方或是一般民間畫家的眼中，都是臺灣的特色，這樣鮮豔的色調，也引起了日本內地民眾的觀看興趣。

在官方發行的始政紀念繪葉書中，這樣的題材被拿來與殖民者肖像或官方現代化建築搭配，目的在凸顯殖民官方的統治權與建設之功，因此漢式建築在殖民官方的塑造脈絡下，帶有臺灣野蠻的舊傳統特質。漢式建築不但出現在官方發行的始政紀念繪葉書中，也大量出現在標榜「地方色彩」的臺展作品中。有的日籍畫家甚至將作品大部分的畫面，佈滿紅色屋頂，突顯臺灣的「地方色彩」，鄉原古統的《雨に暮れゆく》（臺東 2）（圖 4-2-27）就是很好的例子。

〔註26〕三宅克己，〈臺灣旅行感想〉，頁 59。
〔註27〕蜂谷生，〈繪畫旅行通信〉，《臺灣日日新報》1917 年 3 月 8 日第 4 版，頁 67。
〔註28〕石川欽一郎，〈臺灣風光的回想〉，《臺灣時報》1935 年 6 月，頁 54。

圖 4-2-27 鄉原古統《雨に暮れゆく》

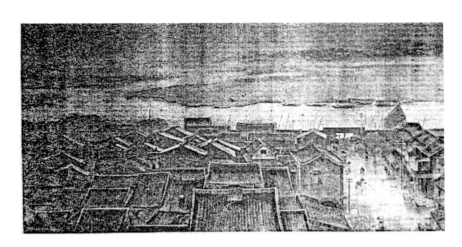

2、熱帶植物（包括椰子樹、檳榔樹和芭蕉樹）

　　廖新田認為在殖民官方的宣傳系統中，椰子樹與芭蕉樹都是將熱帶臺灣的自然植物，「挪用為經濟生產與文化消費的角色」，進而透過官方宣傳品，成為蘊含多重經濟、地理、政治、文化社會意義的臺灣地域性圖騰。而這些熱帶植物在歐洲的熱帶性意識型態中，還包含著原始野蠻的意象，與非洲土著的殖民環境搭配在一起，迎合殖民者對殖民地的想像。〔註29〕

　　再從熱帶植物於臺展作品的表現而言，臺、日籍畫家為營造出符合殖民官方品味的畫作，大量運用能代表臺灣熱帶風情的椰子樹與芭蕉樹於作品當中。除了常作為鄉間景色的一環之外，有些甚至將高聳的椰子樹突出於畫面其他景物之上，特立於畫面中央，刻意強調植物本身的存在，例如廖繼春的《高雄風景》（臺西6）（圖4-2-28）和趙雅祐的《風景》（臺西9）（圖4-2-29）的畫作中，將椰子樹突出於紅頂家屋之上，讓觀者可輕易辨認畫面的地理位置。而關段敏男的《港的冬季》（臺西8）（圖4-2-20），則更將椰子樹直接置於畫面的前景，讓人無法忽視其存在。

〔註29〕廖新田，〈從自然的臺灣到文化的臺灣——日據時代臺灣風景圖向的文化表徵探釋〉，頁29～30、32。

圖 4-2-28　　廖繼春《高雄風景》

圖 4-2-29　　趙雅祐《風景》

　　此外，更有專以熱帶植物作為描繪的主題，以此為臺灣形象的展現，例

如朱市亭的《返照》（臺東 10）（圖 4-2-30），棵棵生長挺立的椰子樹，置於大山腳下，以類似夢境般的方式，將臺灣高山與平地的熱帶意象，融於一爐，使用臺灣意象符號的用心，可見一斑。而謝永火的《芭蕉》（臺東 6）（圖 4-2-31）或是林玉山的《甘蔗》（臺東 6）（圖 4-2-32），都是直接以熱帶植物為畫題，表現「地方色彩」。

　　討論到此，我們必須再談到另一個相關的現象，就是畫面中的常夏意象。許多以植物為畫題或將植物入畫的作品，總是將畫面以各式生長茂密的植物填滿，像郭雪湖《南國屯情》（臺東 8）（圖 4-2-33）即是一例。畫面中佈滿了各式枝繁葉茂的植物，而相同的品種，幾乎不會出現第二次，因此不僅畫面中的植物數量多，連植物的種類也相當多，讓觀者感受到熱帶臺灣的生產力旺盛。

　　另外，施玉山的《秋色》（臺東 6）（圖 4-2-34）或蔡雲岩的《秋晴》（臺東6），（圖 4-2-35）這兩幅畫雖然畫得是秋景，卻感受不到秋天的清爽或蕭瑟，反而一副欣欣向榮的景象，筆者以為如此的構圖模式，一方面代表臺灣的生命力，另一方面表示臺灣的生產力。更進一步說，就是營造出臺灣常夏多產的印象。

圖 4-2-30　朱市亭《返照》

圖 4-2-31　謝永火《芭蕉》

圖 4-2-32　林玉山《甘蔗》

圖 4-2-33　郭雪湖《南國屯情》

圖 4-2-34　施玉山《秋色》

圖 4-2-35　蔡雲岩《秋晴》

　　而這種常夏印象，不只以多樣且裝飾繁複的植物畫面表現，也常以樹下乘涼的主題作爲另一種營造的手段，大榕樹就是其中常被借用的植物形象。王新嬰的《南國廟宇》（圖 4-2-36）將榕樹置於畫面中央，榕樹下的大量陰影，製造出讓觀者彷彿在樹下乘涼的效果。而蔡媽達的《夏的東門》（圖 4-2-37），則以少女伴著水牛在大榕樹下乘涼的畫面，表現臺灣夏季炎熱的氣候特徵。

圖 4-2-36　王新嬰《南國廟宇》

圖 4-2-37　蔡媽達《夏的東門》

　　其實營造常夏印象的手法，並非專屬於臺籍畫家，整個臺展十年作品，多數風景畫都同樣以繁茂的樹木，表現熱帶臺灣的意象。但是以臺籍畫家的作品最為明顯，我們可以將此現象解讀為，在美術教育與環境缺乏的臺灣，臺籍畫家為了能夠在有限的環境資源中嶄露頭角，學習尋求且順應官方品味是其中一個方式，所以彷作入選的作品取景角度，希望能確實掌握臺展評審的喜好。

　　3、水　牛

　　水牛形象在官方發行的始政紀念繪葉書系統中，共出現兩次。第一次在第十回始政紀念繪葉書（明治 38 年，1906 年）中，搭配臺灣鄉間景色出現，第二次出現在第二十九回的始政紀念繪葉書（大正 13 年，1924 年）中，水牛在由紅色家屋前農人牽引著，背後是隱匿在山林裡的臺灣神社。藉由以上兩張繪葉書，我們可以試著說明水牛在殖民官方系統中的意義。由於水牛與臺灣農業生活的關係密不可分，有水牛的地方，就有農村產業的存在，因此水牛成為臺灣漢人傳統農村生活的象徵。而這樣的畫面出現在官方系統中，被處理得恬靜不具軍事色彩，彷彿在殖民政府的統治下，臺灣農民都過著安居樂業的生活一般。而第二十九回的始政紀念繪葉書，殖民官方的形象更借用臺灣神社將殖民者的身影直接表現在畫面中，但是以相當低調的方式處裡，將其隱匿在山林中，窺視著殖民地上的一舉一動。

　　臺展中出現的鄉間水牛形象，也是此系統的延伸。代表農家生活的水牛，搭配著寧靜的鄉間景致出現，呈現烏托邦式的臺灣農村生活。水牛在這類型的畫作中雖然不是要角，只是搭配出現的一個構件。水牛的出現，加深了臺灣恬靜的鄉村意象，反方向表現殖民者的政績卓越，讓原本野蠻、髒亂不堪的殖民地臺灣，轉變成適合人居的美麗寶島。

　　在以上的討論中，我們可以找到許多畫作之間共通的語彙，這表示著原本包含作者高度主觀意識的繪畫作品，或多或少在迎合殖民者品味中，逐漸被定型化。當畫面被定型化處理後，觀者對畫作傳達主題的想像空間也會被侷限。當這些共通的語彙組合起來，就成為屬於臺展品味的臺灣形象，而這樣的臺灣形象，是被認定為符合臺灣「地方色彩」的需要。

　　造成定型化臺灣的幕後推手，當然是殖民政府的介入，但是參展的畫家，則是不可或缺的重要角色。身處美術環境不健全的臺、日籍畫家，為擠入臺展狹窄的舞臺，費盡心力繪製出具有「地方色彩」的作品。或以殖民者的眼光看待自己生長的土地，一再重複使用日籍畫家愛用的素材，企圖營造出符合官方品味的臺灣形象。那麼臺籍畫家在迎合追求殖民者品味的的同時，又是否創造出屬於臺籍畫家自我品味的臺灣形象來呢？是下節討論的重點。

第三節　屬於臺灣人品味的臺灣圖像

　　入選臺展的臺籍畫家作品中，除了出現大量與日籍畫家類似帶有熱帶異國情調的畫面外，還發展出另一種不同的「地方色彩」模式。本節分成水牛、常民生活、神域、典型漢族美女圖等四個議題，討論臺籍畫家塑造的臺展典型。

一、化身為臺灣人形象的水牛畫題

　　前文提及，水牛是臺灣農家生活的代表，而這樣貼近人民生活的素材，成為畫家們容易取材的作畫對象。而除了先前提過將水牛融於鄉村景致的類型，在十年臺展作品中，還有另一種以水牛為畫面主題者，而這類型的作者多屬臺籍畫家，像是黃靜山的《水牛》（臺東 2）（圖 4-3-1）、林東令的《牛》（臺東 3）（圖 4-3-2）、林英貴的《水牛》（臺東 1）（圖 4-3-3）等，這些作品中均以水牛作為畫作的主體，而非像配角似的，搭配其他物件出現。臺籍畫家藉由水牛形象，表現出臺灣人辛勤工作且天真善良的一面，水牛幾乎就成為臺灣百姓的化身，替隱匿在畫面背後的臺灣人表現其內在的質樸性。

圖 4-3-1　黃靜山《水牛》

圖 4-3-2　林東令《牛》

圖 4-3-3　林英貴《水牛》

其實水牛題材，在黃土水的《水牛群像》（圖 4-3-4）中就已出現，畫面藉由水牛與孩童彼此親暱的動作，營造出屬於臺灣農村寧靜祥和的氣氛。大概也只有與水牛朝夕相處的臺灣人，才能深刻體會水牛對於臺灣農業社會的重要性，進而對水牛產生如此濃厚的情感。然而以水牛爲畫面主題者，多呈現水牛閒憩的一面，少有辛勤工作的狀態，由此可見，就算與水牛有較爲深厚情感的臺籍畫家，在參與官方系統的展覽機制前提下，藉由代表自我身份的水牛與寧靜的畫面，隱諱的表現出對殖民統治的認同並呈現臺灣適人居的一面。

圖 4-3-4　黃土水《水牛群像》

　　日籍畫家也有以水牛作爲主題的類似作品，但是在眾多臺展作品中，僅有一、兩幅而已，例如湯川臺手的《閑牛》（臺西 9）（圖 4-3-5）就是其中少數的例子。而在日籍畫家筆下的水牛，多半帶著某些異地想像在其中，例如村上無羅的《馬蘭社的印象》（圖 4-3-6），將牛群、原住民、熱帶植物、高山等四種常用來表現臺灣的符號，同置於一個畫面中。其中，牛群代表著被殖民者的柔順特質；原住民表示殖民地野蠻待教化的一面；熱帶植物標示著殖民地的生產力；高山爲殖民者的化身，隱藏於畫面的遠景，注視著殖民地的一切。村上無羅利用符號拼貼的手法，將四種各具特殊意義的殖民地符號，巧妙的組何在同一個畫面上，營造出一種屬於殖民品味的臺灣想像。

圖 4-3-5　湯川臺手《閑牛》

圖 4-3-6　村上無羅《馬蘭社的印象》

二、巷弄間的常民生活寫照

　　對於大部分不熟悉臺灣的日籍畫家而言，臺灣八景的確立，的確讓他們較為容易尋找臺展標明的「地方色彩」意象。相較偏向取材於八景的日籍畫家，臺籍畫家顯然有其他的選擇。他們選擇哪種景致作為臺灣的「地方色彩」呢？答案就在平日穿梭的巷弄、廟宇中。

　　民房間的街弄或傳統廟宇建築，是許多臺籍畫家的選擇，或許是因為這樣的主題較最為接近真實的生活，易於表達。在臺籍畫家筆下的巷弄或廟前廣場，是充滿生命力的，例如張萬傳的《廟前的市場》（臺西6）（圖4-3-7）、江海樹《廟前市場》（臺西8）（圖4-3-8），都將廟宇前攤販與人群聚集的熱鬧場景，如實的描繪出來；廖繼春的《街頭》（臺西2）（圖4-3-9），將大片前景留給街上來往的人們做為畫面的主題；藍蔭鼎的《商巷》（臺西6）（圖4-3-10）則描繪巷弄間人民的生活情形。除了以人物做為主角外，巷弄間會出現的場景，如橫掛的曬衣竿或從雜亂的矮屋間看出的景象等，都是臺籍畫家表現臺灣「地方色彩」的素材。

圖 4-3-7　張萬傳《廟前的市場》

圖 4-3-8　江海樹《廟前市場》

圖 4-3-9　廖繼春《街頭》

圖 4-3-10　藍蔭鼎《商巷》

　　相較於充滿生命力的臺籍畫家作品，日籍畫家在同樣的巷弄素材中，就顯得寧靜平淡許多。同樣從高處往巷子內看，李財福的《從露臺》（臺西 6）（圖 4-3-11），可以看到行人穿梭其間，高橋清的《九月的臺南》（臺西 1）（圖 4-3-12）則僅有稀疏人影在騎樓下，幾乎整條巷道中沒有行人的蹤跡。

圖 4-3-11　李財福《從露臺》

圖 4-3-12　高橋清《九月的臺南》

　　如果出現人影的畫面，多半也非畫面中的主角，像鄉原古統《雨に暮れゆく》（臺東2）（圖4-2-27）裡紅頂房舍佔據了畫面的絕大部分，人物僅作爲點綴用。又如御園生義太的《廟前》（臺西2）（圖4-3-13），雖名爲《廟前》，但是廟前廣場的部分並不完整，僅有幾個人物穿梭，充滿異國情調的廟宇建築立面，仍爲畫面的主體。這種表現手法不似臺籍畫家將人物與建物融爲一體，表現日常生活的各種樣貌。

圖 4-3-13　御園生義太《廟前》

　　一般在對待異文化時，很容易被儀式性的行爲所吸引，日籍畫家在面對臺灣常民文化時，被充滿異國色彩的節慶、戲曲、信奉的神明等議題所吸引，

像是村上無羅的《基隆燃放水燈圖》（臺東 1）（圖 4-3-14）和秋山春水的《弄龍之圖》（臺東 5）（圖 4-3-15）就是其中的例子。相較於冷清的巷弄，日籍畫家在面對帶有異國情調的節慶場面，就表現得相當有參與感，將節慶的熱鬧氣氛表現淋漓盡致。

圖 4-3-14　村上無羅《基隆燃放水燈圖》

圖 4-3-15　秋山春水《弄龍之圖》

　　在思考「地方色彩」時，殖民者品味的臺灣八景，並非臺籍畫家爭相取景的對象，反而是生活周遭的事物，才是臺籍畫家心目中的「地方色彩」。而這些巷弄、廟宇、節慶等民俗素材，也同樣引起日籍畫家的興趣，但是兩者在表現手法上，日籍畫家的描繪則顯現了疏離感。在與臺灣當地生活有距離

感的日籍畫家眼中，紅色家屋與漢式傳統廟宇建築，才是他們作畫的重點，
生活在紅色屋頂下的人們，僅是裝飾性的點綴。

三、官方色彩濃厚的神域山景

　　相較於日籍畫家筆下，磅礴氣勢的臺灣山岳（如新高山），臺籍畫家在此
種樣貌的山景描繪是缺乏的。對於山景題材，臺籍畫家多選擇圓山為創作題
材，以比較著重於用隱諱的手法表現圓山附近的場景。

　　圓山和芝山岩，都富含濃厚的殖民色彩，圓山有臺灣神社，芝山岩上有
六氏先生紀念碑（也就是學務官僚遭難之碑）。這兩地都說明著殖民官方初期
開拓臺灣的用心，臺灣神社代表領有臺灣的艱辛，六氏先生紀念碑是象徵殖
民政府推行國語教育的努力。如此稱頌殖民者的題材，在臺籍畫家的筆下，
顯得相當含蓄，這或許是因為非殖民者身份的關係，如果表現的太過直接，
難免因有吹捧殖民當局之嫌，而顯得畫作過於俗氣。相關的作品，如郭雪湖
的《圓山附近》（臺東 2）（圖 4-3-16）與蔡永的《靈石的芝山岩社》（臺東 4）
（圖 4-3-17），兩者的畫面佈滿了生長茂密的植物，營造出殖民地欣欣向榮的
景象。對於作畫地點的官方建物，均不直接描繪，而是用綿長的石階代替。

　　同樣的題材，我們可以再比較日籍畫家的表現方式，不管是荻谷秋琴的
《圓山》（臺東 1）（圖 4-3-18）或是野村誠月的《新晴》（臺東 9）（圖 4-3-19），
雖然不將畫面的重心擺在臺灣神社建築本身，但是透過神社前新建的明治
橋，表達殖民統治的意味，同時也透露出殖民官方現代化建設的績效。比起
臺籍畫家的隱蔽石階，日籍畫家則較為直接地認同殖民者身份的屬性。

圖 4-3-16　郭雪湖的《圓山附近》

圖 4-3-17　蔡永《靈石的芝山岩社》

圖 4-3-18　荻谷秋琴《圓山》

圖 4-3-19　野村誠月《新晴》

四、自我身份認同取向的典型漢族美女圖

除了風景圖，對於「地方色彩」的思考，當然也延伸到人物描繪的題材上。十年臺展作品中，有不少以漢族女子作為主題的畫作，並在其中發展出某種構圖模式。這種模式最早，可從陳進的《黃昏的庭》（臺東 3）（圖 4-3-20）中組成畫面的要件談起。

圖 4-3-20　陳進《黃昏的庭》

　　《黃昏的庭》中繪一漢族女子坐在圓形椅上，手拉胡琴的模樣。我們可以將這種形式的畫面，標明出三項組成的要件，分別是穿漢服的女子、裝飾華麗的圓形椅、漢族樂器（有時會用其他物件代替）。往後的臺展東洋畫作品，有不少臺、日籍畫家循著此種模式，繪出充滿異國情調的漢族美女圖，如市來シオリ的《池邊》（臺東 6）（圖 4-3-21）、陳慧坤的《乘涼》（臺東 7）（圖 4-3-22）等。

　　這些組成物件，都指向同一種意味——柔順卻富含觀看趣味。首先是女性的屬性，女性在一般印象當中，都是屬於陰柔一方，這種陰柔的特性其實也是屬於被殖民者的特質，相對於殖民者的陽剛而來。殖民者以強大的軍事力量，開闢未接受文明洗禮的殖民處女地，因此野蠻的殖民地被陰性化，而以女子的姿態出現在畫面中。再者，不管是女子身上的服飾、手上的漢族樂器或扇子、倚坐的圓形凳，都充滿了濃厚的漢族民俗風味。如此的選擇，是與殖民官方一直強調有待文明開化的臺灣形象背道而馳的一種建構方式。部分臺籍畫家，往漢族傳統去尋找值得入畫又兼具「地方色彩」的素材，他們選擇到漢族文化較精緻的一面，這可以從畫面中，漢族女子周遭的物品作瞭解。例如女子手中的樂器本身，就乘載了漢文化的傳統意涵；圓形凳上的龍鳳圖形，也標示著漢民族的文化思維。因此以精緻的漢族傳統文化取材，不但可為自我族群身份，提供正面思考的方向，也可藉此傳達殖民者所要求的「地方色彩」。

圖 4-3-21　市來シオリ《池邊》

圖 4-3-22　陳慧坤《乘涼》

　　再舉個類似的組合或調性的作品如村澤節子的《母子圖》（臺東 5）（圖 4-3-23）、潘春源的《琴笙雅韻》（臺東 4）（圖 4-3-24）等。這些畫作都有相似的語彙在其中，畫中均以女性作為主體，其衣著多為改良式的旗袍，身體的姿態或坐或站，手中持物則呈現大略的一致性，多為扇子或中國樂器，如胡琴、古琴等。再看到背景的部分，畫中人物少數身處於中國式庭院或房間裡，多數身旁有著鑲貝的中國式家具，或圓形座椅。最後是植物的部分，有鐵樹、芭蕉等臺灣特產作陪飾，以標示臺灣的在地性。

　　最後再看作畫者的身份，繪製這類主題的畫家多數為臺籍人士。這可以從兩點來討論，其一是臺籍畫家清楚的意識到自己身份與殖民者的不同，因此繪出自我族群的樣貌，迎合「地方色彩」所強調的文化異質性；其二為對於自我身份的正當性表示懷疑，造成畫中的人物服飾、裝飾物或畫面本身，極盡的奢華，刻意營造出異國情調的氣氛，而非描繪日常生活中的人物樣貌。就這點，或許可以用陳植棋的《二人》（臺西 2）（圖 4-3-25）、《三人》（臺西 2）（圖 4-3-26）作為對照。在陳植祺的作品中，不管是人物服飾、所在場景、物品，都相當生活化，並無矯揉造作的氣氛在裡面，這樣的「地方色彩」是貼近生活的，非刻意營造。

圖 4-3-23 村澤節子《母子圖》

圖 4-3-24 潘春源《琴笙雅韻》

圖 4-3-25　陳植棋《二人》

圖 4-3-26　陳植棋《三人》

「地方色彩」的要求，在於表現屬於臺灣地方的特色，而臺灣對於臺籍畫家而言，就是自己生長的土地。如何挖掘出吸引殖民者目光的家鄉特色，是參與展覽的臺籍畫家需要積極思考的議題。從臺籍畫家塑造的典型中，可以解讀臺籍畫家對鄉土與自我身份的看法。將融於鄉間景致的水牛，單獨提出做為畫面主角，體恤到幽靜的田園風光下，臺灣人辛勤耕耘的過程。廟前廣場與巷弄間人聲鼎沸的生活場景，則是最佳的臺灣常民生活寫照。在抉擇自我身份取向的當下，一方面想保有漢族群的特殊身份，另一方面又對神聖的殖民神域，表現崇敬之情。其間的矛盾，造就了典型的漢族美女圖式與手法含蓄的神域山景。

臺籍畫家塑造的臺灣圖像，雖帶有在地思考於其中，但是在官方色彩濃厚的評審機制下，這樣的在地性或許成為彰顯臺灣異地風光的強化劑，也凸顯了臺籍畫家對身份思考上的矛盾。

結　論

　　受到西方帝國主義衝擊，而漸漸興起的日本，在崇尚科學思考的潮流帶動下，以鉅細靡遺的調查態度對待殖民地臺灣。因此自明治 28 年（1895 年）日本領有臺灣開始，殖民官方對臺灣的調查，就持續不斷的進行，直到昭和 20 年（1945 年）結束殖民統治為止，殖民官方對於臺灣的每一寸土地都瞭若指掌。對於瞭解臺灣甚深的殖民官方而言，如何向同為殖民者身份的內地人與被殖民者傳達臺灣的形象，會因為接收者的身份不同，目的不同，而有不同的形象塑造手法。

　　對於日本內地人而言，殖民地臺灣的部分價值，是為襯托自我「文明」的程度而存在的，因此專注於臺灣「野蠻」的一面，是日本內地人認識臺灣的最佳方式。原住民就在這種思維下，透過繪葉書的形象宣傳，成為臺灣島的代名詞，而位於「半開」階段的漢人，也就在如此的思維模式下被隱匿。相反的，對於殖民官方而言，過度「野蠻」的原住民形象，有損於觀者對其在臺治績的評價，因此反方向操作，著重宣傳接受文明化的漢人面向。殖民官方透過臺灣館與博覽會的操作手法，希望達到讓文明的漢人形象與「臺灣」一詞，建立起穩固的橋樑。可惜事與願違，參觀展覽的日本內地民眾仍將重點放在「野蠻」原住民的照片上，以滿足自我對臺灣的想像。這樣的情形，就算許多來臺實地探訪的日本人，企圖將見所聞寫成遊記以作平衡，仍無法改變「野蠻」臺灣的刻板印象。臺灣在日本人選擇的觀看下，以原住民為代表，呈現野蠻未開的一面。

　　在教育層面考量下，殖民官方在面對漢人與原住民兩種類型的被殖民者時，因期待不同，而有不同的操作手段。對於漢人，殖民官方希望增加其對

自我的認同，因此以《公學校國語教科書》為媒介，透過大量產業與都市建設的文章，強調殖民政府的統治績效。讓學童們藉由閱讀，體認到殖民官方的強大，進而對殖民官方存在的正當性產生認同感。但就原住民學童而言，認同感並非滿足於殖民官方，他們想要的是來自於原住民的崇拜與推崇。他們視原住民為一個個待塑形的黏土，透過《蕃人讀本》一幅幅描繪日本內地鄉間景致的圖繪，將學童置於想像中的美麗境地。藉由博物、道德與實業類型的課文，讓其學習美麗境地中所需的種種基本技能，同時並另外塑造繁榮進步的日本內地形象，讓原住民學童唾棄自我被賦予的「野蠻」形象，忘卻自我原本的樣貌，想像其為殖民者的一員，進而成為部落間推廣殖民同化政策的使命者。而臺灣形象就在同化政策的取向下，被去除歷史層面的厚度，而被扁平化的處理，讓學童們只認識到被殖民官方現代化建設所架構的一面。

就被殖民者的立場而言，在接受島外非殖民式的教育後，臺籍知識份子意識到自我被殖民者野蠻化的形象，他們透過可以發聲的管道，表達出自我的不滿與期望。他們希望能夠透過文藝作品，將臺灣的特色融入其中，介紹給世人。但是當他們面對臺灣傳統習俗時，卻以迷信概稱。臺籍知識份子在懷抱重塑臺灣的崇高理想後，卻無法擺脫被烙印上的「野蠻」迷思，因此與其說要傳達臺灣真實的面貌，不如說臺籍知識份子仍然無法擺脫殖民者的品味，塑造烏托邦式的臺灣田園景象。

相對於身份明確的殖民者與被殖民，生長在臺灣的灣生，為了要在日本與臺灣認同之間取得平衡點，而藉由《文藝臺灣》的平臺，運用重新挖掘的漢人民俗題材，將自我置於日本與臺灣之間的橋樑角色。一方面，以臺灣人熟悉的題材拉近彼此間的距離，另一方面，塑造出另一種日本內地人所不熟悉的臺灣形象，提起日本人對臺灣的興趣。

在臺籍知識份子與灣生的臺灣形象塑造方面，兩者均提出漢人風土題材，而疏離日本內地人所熟知的原住民「野蠻」形象。造成如此現象，一方面由於在日常生活中，原本就與原住民生活圈疏離，因此原住民題材並非其熟知的面向；另一方面，臺灣是兩者生長的所在，因此如果表現「野蠻」的一面，就是將自己框入「野蠻」的圈套中，所以唯有提出臺灣的「文明」面，才有可能擺脫「野蠻」的刻板印象。而這樣的作法，使得殖民者眼中的原住民形象，永遠停滯在「野蠻」的框架中，換句話說，原住民形象在這個範圍的形象塑造當中，被刻意的扁平化。原住民在整體臺灣形象塑造行動上，其

所代表的意義變化十分微小。而漢人形象則被相對地提升，藉由形象再發現的形式，透過灣生與臺籍知識份子的文字，以富有異國情調的姿態，出現在內地日本人眼前，讓忽視其存在的內地日本人，重新正視臺灣漢人文化的一面。當然被重新提出的漢人形象，與實際的漢人生活，仍有部分的差距存在。

最後，在圖畫中的臺灣是被支解的臺灣，臺灣整體形象被一些通過殖民者品味鑑定所挑選出的符號或意象所取代，當畫面中出現這些符號，就容易被視爲具有「地方色彩」的畫作，因此臺籍畫家在官方色彩濃厚的評審機制下，將臺灣形象塑造得既符合殖民者品味，又富有異國情調的趣味。臺籍畫家在描繪自己最親近的土地時，仍是透過殖民者的角度思考，帶有一層距離感在其中。

綜觀整個日本殖民統治時期，對於日本人而言，爲了滿足自我文明想像的需求，臺灣形象長久以來都是以「野蠻」的原住民形象代替，雖然接近日本殖民統治末期有許多不同的臺灣形象輸入日本內地，仍無法徹底改變「野蠻」臺灣的刻板印象。如此情形對於臺灣的殖民官方而言，是相當洩氣的，由於殖民官方爲了突顯自己在殖民地臺灣的種種建設，費盡心力，透過種種管道呈現臺灣進步文明的一面，但如此努力卻無法引起日本內地民眾的興趣。對灣生和臺籍知識份子而言，雖然著重表現臺灣漢人文化的特色，希冀營造出不同於「野蠻」原住民的臺灣形象，但是這些營造的手段，仍無法跳脫以殖民者角度思考的困境。而臺灣就在不同的利益取向下，被分割重組，塑造者僅選取需要的部分，呈現符合其利益的臺灣形象。

在日本殖民統治時期的臺灣，即使達成在地理上統一的概念，但是要把這個實際上一體性的臺灣，再現爲某種形象的時候，它又被再度支解爲許多零碎的材料。按照殖民者各種不同的需求，而被加以選擇及組合，生產出一個個虛構臺灣意象。

參考書目

一、史　料

1. 《臺灣日日新報》
2. 《公學校用國語教科書》
3. 《臺灣民報》
4. 《臺灣新民報》
5. 《臺灣文學》
6. 《文藝臺灣》
7. 川村竹治，《臺灣の一年》。
8. 蘇峰迂人，《臺灣遊記》。
9. 〈修學旅行〉，《臺灣教育會雜誌》第四卷，1902 年 3 月 25 日。
10. 臺灣總督府，《蕃人讀本編纂趣意書》，（臺北：臺灣總督府，1916）。
11. 《臺北師範學校創立三十週年紀念號（校友會誌第四十二號）》，（臺北：臺北師範學校校友會，1927）。
12. 田村剛，《臺灣ノ風景》，（東京：雄山閣，1928）。
13. 藤崎濟之助，《臺灣の蕃族》，（東京：安久社，1930）。
14. 臺中女子公學校旅行隊記錄員，〈修學旅行を省みて〉，《第一教育》第十卷第十一號，1931 年 12 月。
15. 臺北第三高等女學校同窓會、學友會，《創立滿三十年記念誌》，（臺北：盛文社，1933）。
16. 西川滿編，《臺灣繪本》，（臺北：東亞旅行社，1934）。
17. 始政四十週年記念臺灣博覽會，《臺灣の旅》，（臺北：始政四十週年記念

臺灣博覽會，1935）。

18. 臺中師範學校，《(臺中師範學校) 創立十週年記念誌》，(臺中：高須，1935）。

19. 《(彰化女子公學校) 創立二十週年記念誌》，(彰化：彰化女子公學校，1936）。

20. 藤山雷太，《臺灣遊記》，(東京：千倉書房，1936）。

21. 陳石煌，《樂園臺灣の姿》，(臺北：麗島出版社，1936）。

22. 《臺南州立臺南第一高等女學校一覽表》，昭和 12 年（1937 年）。

23. 臺灣總督府臺中師範學校，《臺灣總督府臺中師範學校一覽【昭和 12 年版】》，(臺中：臺灣總督府臺中師範學校，1937 年）。

24. 臺灣時代社教育部，《臺灣教育事情》，(臺北：臺灣時代社教育，1937）。

25. 臺灣時代社教育部，《臺灣教育事情【昭和十二年】》，(臺北：臺灣時代社，1937）。

26. 臺北高等商業學校，《臺北高等商業學校一覽【昭和十三年版】》，(臺北：臺北高等商業學校，1938）。

27. 臺灣總督府交通局鐵道部編纂，《臺灣觀光產業事情》，(臺北：臺灣總督府交通局鐵道部，1939）。

28. 《蕃人讀本》，(福岡：久留米大學，2002）。

二、書 籍

1. Mark R. Peattie 著、淺野豐美譯，《殖民地──帝國 50 年の興亡》，(東京：讀賣新聞社，1996）。

2. 呂紹理，《水螺響起：日治時期臺灣社會的生活作息》，(臺北：遠流，1998）。

3. 香港嶺南學院翻譯系、文化/社會研究譯叢編委會編譯，《解殖與民族主義》，(香港：牛津大學，1998）。

4. 斯塔夫里阿諾斯著、吳象嬰梁赤民譯，《全球通史──1500 年以後的世界》，(上海：社會科學院，1999）。

5. Benedict Anderson 著；吳叡人譯，《想像的共同體：民族主義的起源與散布》，(臺北：時報，2000）。

6. 小森洋一，《ポストコルニアル》，(東京：岩波書店，2001）。

7. 顏娟英，《風景心境：臺灣近代美術文獻導讀》，(臺北：雄獅，2001）。

8. 姚村雄，《日治時期美術設計中之「臺灣圖像」符號研究》，(臺北：七月文化，2001）。

9. 蔡昭儀主編，《臺灣美術百年回顧學術研討會論文集》，（臺中：國立臺灣美術館，2001）。

10. 林正珍，《近代日本的國族敘事——福澤諭吉的文明論》，（臺北：桂冠，2002）。

11. 矢內原忠雄著、周憲文譯，《日本帝國主義下之臺灣》，（臺北：海峽學術，2003）。

12. 陳宗仁編，《世紀容顏——百年前的臺灣原住民圖像：頭目、勇士及傳統工藝》，（臺北：國家圖書館，2003）。

13. 南博，《日本人論：從明治維新到現代》，（臺北：立緒，2003）。

14. 國家圖書館特藏組編；陳宗仁主編，《世紀容顏（上）——百年前的臺灣原住民圖像：頭目、勇士及傳統工藝》，（臺北：國家圖書館，2003）。

15. 國家圖書館特藏組編；陳宗仁主編，《世紀容顏（下）——百年前的臺灣原住民圖像：日常生活、服飾、家族人物》，（臺北：國家圖書館，2003）。

16. 胡懿勳、高以璇，《林玉山：師法自然》，（臺北：國立歷史博物館，2004）。

17. 程佳惠，《臺灣史上第一大博覽會：1935年魅力臺灣SHOW》，（臺北：遠流，2004）。

18. 岸本美緒、若林正丈、吳密察等著，《跨界的臺灣史研究——與東亞的交錯》論文集，（臺北：播種者文化，2004）。

19. 佛朗茲・法農（Frantz Fanon）著，陳瑞樺譯，《黑皮膚，白面具》，（臺北：心靈工坊文化，2005）。

20. 黃英哲主編，《日治時期臺灣文藝評論論集（雜誌篇）第二冊》，（臺南：國家臺灣文學館籌備處，2006）。

三、學位論文

1. 王昭文，《日治末期臺灣的知識社群（1940～1945）——《文藝臺灣》、《臺灣文學》、《民俗臺灣》三雜誌的歷史研究》，清華大學歷史所碩士論文，1990年。

2. 許佩賢，《塑造殖民地少國民——日據時期臺灣公學校教科書之分析》，臺灣大學歷史系碩士論文，1993年。

3. 柳書琴，《戰爭與文壇——日據末期臺灣的文學活動》，臺灣大學歷史學系碩士論文，1993年。

4. 蘇文清，《始政四十年臺灣博覽會宣傳計畫與設計之研究》，臺灣科技大學工程技術研究所碩士論文，1997年。

5. 宋南萱，《臺灣八景從清代到日據時期的轉變》，中央大學藝術學研究所碩士論文，1999年。

6. 程佳惠，《1935 年臺灣博覽會之研究》，中央大學歷史所碩士論文，2000
   年。

7. 李文卿，《殖民地作家書寫策略研究──以皇民化時期《決戰臺灣小說集》
   爲中心》，暨南大學中國語文學碩士論文，2000 年。

8. 許佩賢，《臺灣近代學校的誕生──日本時代初等教育體系的成立（1895
   ～1911）》，臺灣大學歷史所博士論文，2001 年。

9. 劉融，《日治時期臺灣參展島外博覽會之研究》，暨南國際大學歷史所碩
   士論文，2002 年。

10. 鄭政誠，《臨時臺灣舊慣調查會之研究（1896～1922）》，臺灣師範大學歷
    史所博士論文，2002 年。

11. 蕭肅騰，《日治時期臺灣殖民觀光意象之解構》，南華大學亞太研究所碩
    士論文，2003。

12. 李佳玲，《日治時期蕃童教育所之研究（1904～1937）》，中央大學歷史研
    究所碩士論文，2003 年。

13. 橋本恭子，《島田謹二《華麗島文學志》研究──以「外地文學論」爲中
    心──》，清華大學中國文學研究所碩士論文，2003 年。

四、期 刊

1. 山根幸夫著、吳密察譯，〈臨時臺灣舊慣調查會的成果〉，《臺灣風物》第
   三十二期第一卷，1982 年 3 月，頁 23～58。

2. 梁華璜，〈明治時期的天皇體制與乙未侵臺〉，《言與思》第三十三卷第二
   期，1995 年 6 月，頁 97～129。

3. 周婉窈，〈實學教育、鄉土愛與國家認同──日治時期臺灣工學校第三期
   「國語」教科書的分析〉，《中央研究院臺灣史研究》第四卷第二期，1999
   年 6 月，頁 7～55。

4. 游鑑明，〈日治時期臺灣學校女子體育的發展〉，《中央研究院近代史研究
   集刊》第 33 期，2000 年 6 月，頁 1～75。

5. 顏娟英，〈近代臺灣風景觀的建構〉，《國立臺灣大學美術史研究集刊》第
   九期，2000 年 9 月，頁 179～206。

6. 姚人多，〈認識臺灣：知識、權力與日本在臺之殖民治理性〉，《臺灣社會
   研究季刊》第四十二期，2001 年 6 月，頁 119～182。

7. 李承機，〈殖民地新聞としての《臺灣日日新報》論──〈御用性〉と〈資
   本主義性〉のはざま〉，《殖民地文化研究》第二號，2001 年 7 月，頁 169
   ～181。

8. 呂紹理，〈展示臺灣：一九○三年大阪內國勸業博覽會臺灣館之研究〉，《臺

灣史研究》第九卷第二期，2002 年 12 月，頁 103～144。

9. 王淑津，〈日本殖民地時代臺灣美術史的「地方色彩」論題〉，《典藏今藝術》第一百二十六期，2003 年 3 月，頁 52～58。

10. 林開世，〈風景的形成和文明的建立：十七世紀宜蘭的個案〉，《臺灣人類學刊》第一卷第二期 2003 年 12 月，頁 1～38。

11. 周婉窈、許佩賢，〈臺灣公學校制度、教科和教科書總説〉，《臺灣風物》第五十三卷第四期，2003 年 12 月，頁 119～145。

12. 廖新田，〈從自然的臺灣到文化的臺灣——日據時代臺灣風景圖像的文化表徵探釋〉，《歷史文物》第一百二十六號，2004 年 1 月，頁 16～37。

13. 劉方瑀，〈「有名」與「無名」——日治時期殖民者與被殖民者的形象建構〉，《臺灣美術》五十八號，2004 年 10 月，頁 76～95。